Bruno W. Reimann

Einführung in den psychoanalytischen Diskurs der Gesellschaft

Bruno W. Reimann

Einführung in den psychoanalytischen Diskurs der Gesellschaft

Dem Andenken an meine Eltern
Hedwig Reimann (1914–1999)
Roland W. Reimann (1894–1968)

Die Deutsche Nationalbibliothek verzeichnet diese Publikation in der Deutschen Nationalbibliografie; detaillierte bibliografische Daten sind im Internet über http://dnb.d-nb.de abrufbar.

Erweiterte Neuausgabe 2011 des 1991 unter dem Titel „Der Gesellschaftsbezug der Psychoanalyse“ erschienenen Buches

Die Herausgabe des Werkes wurde durch die Vereinsmitglieder der WBG ermöglicht.
Einbandgestaltung: SchreiberVIS, Seeheim
Einbandabbildung: „Zwischenräume“, © Bruno W. Reimann
Gedruckt auf säurefreiem und alterungsbeständigem Papier
Printed in Germany

Besuchen Sie uns im Internet: www.wbg-wissenverbindet.de

ISBN 978-3-534-23949-8

Elektronisch sind folgende Ausgaben erhältlich:
eBook (PDF): 978-3-534-71380-6
eBook (epub): 978-3-534-71382-0

INHALT

VORWORT ZUR ERWEITERTEN NEUAUSGABE

Dieses Buch, das jetzt in einer erweiterten Neuausgabe erscheint, handelt vom Zusammenhang von Psychoanalyse und Gesellschaft in einer zweifachen Dimension. Zum einen, wie die Verknüpfung von Gesellschaft und Psyche in der psychoanalytischen Theorie selbst gesehen wurde, zum anderen, wie theoretische Disziplinen, vornehmlich sozialwissenschaftliche, sich des psychoanalytischen Wissens bemächtigten, um auf eigenem Terrain den Zusammenhang von Gesellschaft und Subjekt resp. Psyche zu deuten. Sie zusammengenommen bilden den psychoanalytischen Diskurs der Gesellschaft.

Die Psychoanalyse hatte sich in den Arbeiten ihres Begründers Sigmund Freud nicht nur als diagnostisches Instrumentarium und Behandlungsmethode entwickelt, sondern auch als theoretische Disziplin mit einer weitgespannten Ausdeutung der Kultur. Der Topos vom „Unbehagen in der Kultur", der auf eine Theorie der repressiv disziplinierenden Kultur verweist, bestimmte die kulturtheoretischen Debatten im 20. Jahrhundert. Mit der Institutionalisierung der Psychoanalyse im Therapiespektrum, der professionellen Etablierung als Behandlungswissenschaft, ist die kulturtheoretische und kulturkritische Dimension weithin auf der Strecke geblieben. Wenn Institutionen an ihren Siegen sterben, dann gilt dies auch für die Psychoanalyse; das einst so scharfe Seziermesser ist stumpf geworden. Die wichtigen kulturtheoretischen Impulse haben, wenn auch mit wechselnden Konjunkturen und wechselndem Erfolg, in den Kultur- und Sozialwissenschaften überlebt.

Die Psychoanalyse ist heute eine Behandlungsmethode unter vielen, nicht besser und nicht schlechter als andere, z. B. das in der emotionalen Wiedervergegenwärtigung traumatischer Erfahrungen weitaus wirkungsvollere Psychodrama. Freud selbst meinte, daß die theoretische Bedeutung der Psychoanalyse ihren therapeutischen Stellenwert übersteige. Das scheint sich heute zu bestätigen. Die große analytische Fruchtbarkeit der Psychoanalyse liegt in ihrer theoretischen Möglichkeit, die kulturtheoretische und soziologische Analyse um wichtige Dimensionen, die Dimension triebdynamischer und unbewußter Vorgänge, zu bereichern.

Die Studie beleuchtet, ausgehend von der Freudschen Theorie, markante Theoriepositionen und wirft einen kritischen Blick auch auf das methodologische Gezerre der 70er Jahre, unter wessen Oberhoheit die Psychoanalyse wissenschaftlich zu verbuchen sei. In den neu hinzugefügten Kapiteln 11, 12 und 13 wird unter einer mehr materialen als methodischen Perspektive neuen gesellschaftlichen Entwicklungen nachgegangen, insbesondere der Herausbildung einer neuen Gesellschaftsformation, die als „permissive Gesellschaft“, als Gesellschaft der „repressiven Entsublimierung“, als “society of enjoyment” beschrieben wird. Alle Beschreibungen deuten auf dasselbe Phänomen, nämlich daß die Kultur sich entscheidend gewandelt hat und nicht mehr mit dem Freudschen Topos vom „Unbehagen in der Kultur“ begriffen werden kann. Die Geschichte der gesellschaftlichen Entwicklung hat unter veränderten Bedingungen der gesellschaftlichen Produktion eine neue Seite aufgeschlagen, mit völlig neuen Konstellationen gesellschaftlich lizenzierter Triebbefriedigung und vermutlich auch neuen Neurosen.

EINLEITUNG

Die Diskussion um die sozialwissenschaftlichen Aspekte der Psychoanalyse ist nach einer breit und intensiv geführten Diskussion in den späten 60er und frühen 70er Jahren weitgehend verstummt. Das hat sehr verschiedene Gründe. Die Psychoanalyse hat sich endgültig als therapeutische Zunft etabliert und ist damit von den immunisierenden Mechanismen von Institutionsbildungen („Die Institutionen sterben an ihren Siegen") eingeholt worden. Darüber hinaus ist sie, wie in verschiedenen Kritiken formuliert, „medizinalisiert" worden. Das hat jeden Ansatz von revolutionärem Geist, der in den Arbeiten des scheinbar so konservativen und bisweilen gar reaktionär erscheinenden Freud oszillierte und ihre anhaltende Attraktivität erklärt, ausgetrieben. Die Diskursbeschränkungen der „institutionellen" Psychoanalyse allein erklären den Niedergang der Debatten nicht, zumal diese immer schon weitgehend von Philosophen, Soziologen und Kulturtheoretikern im weitesten Sinne geführt worden sind und sich stets nur wenige Psychoanalytiker wie Fromm, Reich, Mitscherlich, Lorenzer an ihnen beteiligten.

Diese Wendung der institutionellen Psychoanalyse zum gesellschaftsneutralen therapeutischen Instrument spiegelt ein kleiner, vielleicht unbedeutender, aber durchaus symbolträchtiger Vorgang wider: Als im Februar des Jahres 1980 der damalige hessische Ministerpräsident Holger Börner das Sigmund-Freud-Institut in Frankfurt besuchte, erklärte er u. a. – so formulierte es eine Zeitungsmeldung –, „er habe die zu starke öffentliche Propagierung und Ideologisierung der Psychoanalyse in den späten 60er Jahren 'nicht gerade für glücklich gehalten'"[1]. Das entspricht durchaus der Logik der instrumentellen Vernunft, der nichts gefährlicher erscheint als das, was von ihr nicht beherrscht werden kann.

Es scheint aber auch, daß die Psychoanalysedebatten der 60er und 70er Jahre ihre theoretischen Mittel derart überreizten, daß sie schnell an Grenzen gerieten. Zu evident erschien die Integrierbarkeit von Psychoanalyse und Historischem Materialismus, zu vordergründig auch wurden Fragen der politischen Praxis diskutiert. So scheint die Kurzatmigkeit und Folgenlosigkeit der Diskussionen auch eine Folge von zu glatten Theoriekonzepten zu sein. Nicht zu verkennen ist schließlich, daß sich vor allem in den Sozialwissenschaften, die in weiten Teilen auf direkte oder indirekte Weise die Erben rationalistischer und idealistischer Wissenschaftstraditionen sind, wieder Widerstände gegen die Hauptentdeckung der Psychoanalyse: *das Unbewußte* geltend machen. In der akademischen Soziologie ist wenig von einer produktiven Rezeption der Psychoanalyse zu entdecken. Man hält es mit der Ikone Weber, der ein ausgesprochener Psychoanalysegegner war, und seinem zweckrationalen Paradigma. Bei Luhmann heißt es, Freud habe die Wirksamkeit latenter Prozesse überschätzt. Bücher und Themen aus dem Bereich kognitiver Sozialtheorien, die alle in diese Richtung marschieren, haben Konjunktur.

Ich werde mich im Rahmen dieser Arbeit nicht primär mit der Freud-Rezeption der älteren Freudschen Linken, die mit den Arbeiten von Reich und Fromm entsteht, auseinandersetzen und darf dazu auf mein Buch ›Psychoanalyse und Gesellschaftstheorie‹ (1973) verweisen. Ich bin zu der Überzeugung gekommen, daß Analysen des gesellschaftlichen Gehalts und der gesellschaftstheoretischen Implikationen von psychoanalytischen Theorien analytisch weitaus ergiebiger sind, wenn sie entlang der Fragestellungen der „klassischen" Soziologie erfolgen. So erscheint es mir beispielsweise sinnvoller, mit der Kategorie der «faits sociaux» von Durkheim zu operieren, die weitaus tiefgreifender den Zwangs- und Herrschaftscharakter von Gesellschaft zu fassen imstande ist, als mit vergleichbaren Marxschen Kategorien, die trotz aller analytischen Schärfe und historischen Berechtigung immer auch vordergründig bleiben, weil sich Marx, Engels und ihre theoretischen Nachfahren die Aufhebung des Zwangs- und Herrschaftscharakters von Gesellschaft zu einfach vorgestellt haben. Auf diesem Hintergrund werde ich in einem Kapitel die Freud-Rezeption der *Neuen Linken* in ihren Grundzügen diskutieren, um zu zeigen, daß eine Analyse der psychoanalytischen Dialektik von Gesellschaft und Individuum unter Zugrundelegung der Kategorie des „Produktionsverhältnisses" – unter Abstraktion aller anderen Herrschafts- und Zwangsdimensionen von Gesellschaft – an der Problematik vorbeigeht. Das betrifft im übrigen auch Analysen, die die Psychoanalyse im Horizont einer revidierten Transzendentalphilosophie zum theoretischen Bündnisgenossen erkoren haben. Mir geht es bei der Rekonstruktion der „psychoanalytischen Wahrheit“ um einen Strukturbegriff, der weder vordergründig historisch reduziert noch universalistisch bis zur Beliebigkeit ausgedehnt wird, sondern den harten Kern von Gesellschaft in der Diskussion läßt.

Bei all diesen Diskussionen ist es keine Pflichtschuld, zu Freud zurückzugehen. Er ist nun einmal einer jener Giganten, auf deren Schultern wir sitzen und es uns oft genug zu gütlich getan haben. Er hat die Probleme, um die es hier geht, mit einer Schärfe diskutiert, die intellektuell faszinierend bleibt, auch wenn man die Texte wieder und wieder liest. Er hat die Problematisierung so weit getrieben, bis er oft nicht weiter wußte und in theoretischen Dilemmata (und auch diametralen politischen Polen!) steckenblieb. Alles in allem hat er mehr gesehen, als seine „kategorialen“, „metatheoretischen“ Nachfahren an ihm wahrnehmen konnten oder ihm zubilligen wollten.

Es mag sein, daß die Psychoanalyse als Therapie in einer Welt des Therapie-Booms an Bedeutung eingebüßt hat und vielleicht weiter einbüßen wird. Das erinnert allerdings auch an deren historische Voraussetzung, die im Schwinden begriffen ist: die Psychoanalyse war und ist eine Therapie des redenden, sich primär durch Sprache konstituierenden und auf diese Weise zur Welt, zu sich selbst, zu den Emotionen in Beziehungen setzenden Menschen. Als Theorie ist sie, trotz vieler Konkurrenzunternehmen, so aktuell wie eh und je. Das scheint Freud geahnt zu haben, als er in einem 1926 zuerst in englischer Sprache veröffentlichten ›Encyclopaedia Britannica‹-Artikel schrieb: „Die Zukunft wird wahrscheinlich urteilen, daß die Bedeutung der Psychoanalyse als Wissenschaft vom Unbewußten ihre therapeutische Bedeutung weit übertrifft.“[2]

1. PSYCHOANALYSE ALS GESELLSCHAFTSKRITIK BEI SIGMUND FREUD

Man versperrt sich den Zugang zu Freuds gesellschaftskritischer Radikalität, wenn man immer nur in den Erörterungen auf die schwächsten Passagen im theoretischen System der Psychoanalyse abstellt. Zu diesen gehört das zu Recht kritisierte Diktum: „... auch die Soziologie, die vom Verhalten der Menschen in der Gesellschaft handelt, kann nichts anderes sein als angewandte Psychologie. Streng genommen gibt es ja nur zwei Wissenschaften, Psychologie, reine und angewandte, und Naturkunde.“[1] Freuds Theorieprogramm trug, wie das vieler Theoretiker, durchaus imperiale Züge, ob es nun um die „Einheitlichkeit der Welterklärung“ oder die Vision einer „wissenschaftlichen Weltanschauung“[2] ging. Zu den fast durchgängigen Schwächen seines Werks gehört, neben dem theoretischen Imperialismus, eine eigentümliche politische Ambivalenz, das Pendeln zwischen scharfen Einsichten, progressiven Positionen und Elementen reaktionärer Ideologien seiner Zeit.

Gleichwohl: Freuds Analysen der Gesellschaft, der Lebensformen seiner Zeit, waren von schonungsloser Radikalität; in ihnen dechiffriert sich das psychische Elend als gesellschaftliches Leiden, als Leiden an der Gesellschaft. In seinen analytischen Erörterungen gesellschaftlicher Sachverhalte kam Freud dem Durkheimschen Strukturdenken nahe, verblieb aber gleichwohl aufgrund eines linearen, am naturwissenschaftlichen Erkenntnismodell geschulten Denkens im Immanenzzusammenhang der psychoanalytischen Argumentation. In den materialen Erörterungen kam er, indem er die psychologischen Folgen des Ungleichheitsdramas scharf pointierte, durchaus dem Marxschen Denken nahe, auch wenn die kritischen Motive nicht wirklich durchgehalten wurden und schließlich einem tiefen Pessimismus wichen, der aber, wie ich meine, nicht abzulösen ist von der historischen und politischen Situation der späten 20er Jahre. Diese radikale Gesellschaftskritik, die Freuds Theorie von Anbeginn durchzieht, ist von der marxistischen Rezeption und Kritik der Psychoanalyse oft übersehen worden. Sie bezieht sich auf den

Grundzug der Kultur ebenso wie auf die herrschafts- und machtbestimmten Sozialverhältnisse, in denen sich die Menschen als unterdrückte, ihrer psychischen Selbstmächtigkeit beraubte Wesen wiederfinden.

1904 legte Freud eine erste theoretische Selbstverständigung der Psychoanalyse vor, die unter dem eigentümlichen, auf Distanz und Selbstbewußtsein verweisenden, Titel ›Die Freudsche psychoanalytische Methode‹ erschien.[3] Ihr waren jahrelange Forschungsarbeit sowie die großen materialen Untersuchungen vorausgegangen: die Studien über Hysterie, die Traumdeutung, die Untersuchung über den Witz und seine Beziehung zum Unbewußten, die „Psychopathologie des Alltagslebens“. Freud hatte reichlich Material gesammelt, durchgearbeitet und interpretiert, bevor er, 48jährig, die ›Freudsche psychoanalytische Methode‹ vorstellte.

Es gibt bei Freud keine Trennung von materialer Forschung und theoretischer Selbstverständigung: Freud hat die psychoanalytische Theorie aus seiner therapeutischen Praxis, aus der materialen Arbeit heraus entwickelt. Materiale Erfahrung und theoretische Entwicklung bilden eine Einheit – und dies ist durchaus die Stärke der Psychoanalyse.

In die Zeit der methodischen und theoretischen Selbstverständigung der Psychoanalyse[4] fallen auch die ersten Schriften, in denen Freud explizit und unmißverständlich die gesellschaftskritischen Impulse der Psychoanalyse formuliert: ›Die kulturelle Sexualmoral und die moderne Nervosität‹ (1908),[5] aber auch bereits passager in dem offenen Brief Freuds an Dr. M. Fürst.[6] In diese Zeit fällt auch die kulturwissenschaftliche Ausweitung und Anwendung der psychoanalytischen Perspektive: ›Der Wahn und die Träume in W. Jensens 'Gradiva'‹ (1907), ›Zwangshandlungen und Religionsübungen‹ (1907), ›Der Dichter und das Phantasieren‹ (1908), ›Der Familienroman der Neurotiker‹ (1909). Materiale klinische Praxis, methodische und theoretische Selbstverständigung, gesellschaftskritische Perspektive, kulturtheoretische Ausweitung der psychoanalytischen Sichtweise stehen in einem unlösbaren Zusammenhang, bilden eine miteinander verwobene Einheit. Man muß daher also nicht erst Freud gegen Freud interpretieren, seine Texte gegen den Strich bürsten, sondern vernehmen, was er selbst schreibt.

Die soziologische Perspektive wohnt aber auch bereits Freuds frühen Arbeiten, den großen genannten materialen Untersuchungen, prinzipiell inne. Schon die *Begriffswahl* zur Beschreibung einzelner Phänomene verdeutlicht, wie früh sich Freud der Kulturbezogenheit der psychischen Erscheinungen bewußt war und nicht etwa blind das herrschende Selbstbewußtsein seiner Zeit bestätigte. Schon in der Untersuchung ›Der Witz und seine Beziehung zum Unbewußten‹ hat Freud den kulturkonstituierten Charakter der Verdrängung herausgearbeitet. Freud charakterisiert hier die Verdrängung als einen „psychischen Vorgang, der in ernsten Krankheitsfällen ganze Komplexe von Regungen mitsamt deren Abkömmlingen vom Bewußtsein fernehält, und sich als ein Hauptfaktor der Verursachung bei den sogenannten Psychoneurosen herausgestellt hat“[7]. Über den Anteil der Kultur an der Verdrängung und der durch sie bewirkten Psychoneurosen sagt Freud: „Wir gestehen der Kultur und höheren Erziehung einen großen Einfluß auf die Ausbildung der Verdrängung zu und nehmen an, daß unter diesen Bedingungen eine Veränderung der psychischen Organisation zustande kommt, die auch als ererbte Anlage mitgebracht werden kann, derzufolge sonst angenehm Empfundenes nun als unannehmbar erscheint und mit allen psychischen Kräften abgelehnt wird. Durch die Verdrängungsarbeit der Kultur gehen primäre, jetzt aber von der Zensur in uns verworfene, Genußmöglichkeiten verloren.“[8] Im Witz melden sich die von der Gesellschaft verpönten Genußbedürfnisse zu Wort; im Witz manifestiert sich der Widerstand des von der Vergesellschaftung noch nicht vollständig domestizierten Menschen. Freud dazu: „Solange die Heilkunst es nicht weiter gebracht hat, unser Leben zu sichern, und solange die sozialen Einrichtungen nicht mehr dazu tun, es erfreulicher zu gestalten, so lange kann die Stimme in uns, die sich gegen die Moralanforderungen auflehnt, nicht erstickt werden.“[9] Freud war auf allen Stufen der materialen und theoretischen Entwicklung der psychoanalytischen Theorie weit davon entfernt, das gesellschaftliche Moral- und Normensystem unkritisch zu übernehmen. Ausdrücklich spricht er bereits 1905 die Notwendigkeit einer Veränderung der gesellschaftlichen Ordnung an, dabei wendet er sich freilich gegen jede voluntaristische Erfüllung der individuellen Bedürfnisse in Ventil- und Schatteninstitutionen, die dem rigiden Moralsystem stets auf dem Fuß folgten, sondern ihm geht es um eine allgemeine, das öffentliche Kultursystem betreffende Wandlung: „... man darf die Forderungen der eigenen Bedürfnisse nicht unrechtmäßig erfüllen, sondern muß sie unerfüllt lassen, weil nur der Fortbestand so vieler unerfüllter Forderungen die Macht entwickeln kann, *die gesellschaftliche Ordnung abzuändern.*"[10] Seine Kritik konkretisiert er an der Sexualität: „Kein Anspruch ist ja persönlicher als der auf sexuelle Freiheit, und nirgends hat die Kultur eine stärkere Unterdrückung zu üben versucht als auf dem Gebiete der Sexualität."[11] Es kann keine Rede davon sein, daß Freud – um ein Hegel-Wort zu variieren – die Ideologie seiner Zeit in Gedanken gefaßt hat. Dabei wird freilich nicht in Abrede gestellt, daß Freud durchaus der Versuchung unterlegen ist, bestimmte Verhaltensweisen zu anthropologisieren, so etwa in der zweiten Fassung der Trieblehre oder in seinen Ausführungen zur weiblichen Sexualität. Dies schmälert aber nicht den radikalen Gehalt der von Anfang an in seinem Werk angelegten Gesellschaftskritik.

Freuds explizite gesellschaftskritische Äußerungen fallen, wie bereits angedeutet, in die Zeit der methodischen und theoretischen Selbstverständigung der Psychoanalyse sowie in die Entstehung und Ausweitung der kulturwissenschaftlichen Perspektive. Bereits zu diesem Zeitpunkt war Freuds Kritik der Kultur und des in sie eingebetteten Systems der Erziehung eine grundsätzliche, die er dezidiert äußerte. Bezogen auf die sexuelle Aufklärung der Kinder[12] nahm Freud sehr deutlich Partei für eine dem Menschen dienliche Aufklärung: Er begrüßte, daß der französische Staat an die Stelle des Katechismus ein Elementarbuch eingeführt hat, das dem Kind staatsbürgerliches Wissen vermittelt, und beklagte, daß der Elementarunterricht unvollständig bleibe, „wenn er nicht das Gebiet des Geschlechtslebens mit umschließt"[13]. Seine Forderung lautete: „Hier ist die Lücke, deren Ausfüllung Erzieher und Reformer in Angriff nehmen sollten!"[14] Freud war kein Parteigänger der klerikalen Erziehung und des hinter ihr stehenden christlichen Menschenbildes: „In Staaten, welche die Kindererziehung ganz oder teilweise in den Händen der Geistlichkeit belassen haben, darf man allerdings solche Forderung nicht erheben."[15] Freud war auch skeptisch gegenüber bloß vereinzelten Reformen; er sprach sich bereits 1907 für umfassende Veränderungen aus: „So bewährt es sich denn wieder einmal, wie unklug es ist, einem zerlumpten Rock einen einzigen seidenen Lappen aufzunähen, wie unmöglich es ist, eine vereinzelte Reform durchzuführen, *ohne an den Grundlagen des Systems zu ändern!*"[16]

Freuds Abhandlung ›Die kulturelle Sexualmoral und die moderne Nervosität‹ (1908) enthält alle Motive der Gesellschaftskritik, die in den späteren großen Schriften (›Die Zukunft einer Illusion‹, ›Das Unbehagen in der Kultur‹) in ausgeführter Form wiederkehren werden. Gründlich wird in dieser Arbeit die Vorstellung demontiert, die Kultur bewirke vor allem das Glück der Individuen. Längst schon habe sich die Kultur, die zu ihrer Entfaltung auf die Verschiebung von Triebenergien, die Sublimierung, verwiesen ist, gegen die Individuen, oder wenigstens eine Vielzahl von ihnen, gewandt. Dem aus der Sexualeinschränkung entspringenden „kulturellen Gewinn“[17] stehen schwere negative Hypotheken gegenüber. Freud stellt hier zum ersten Mal seine ärztlichen Beobachtungen, gewonnen an einzelnen Patienten, in einen „allgemeineren Zusammenhang“[18]. Es geht um die Ätiologie der Neurosen, konkret um die Frage, welchen Anteil der sexuelle Faktor an der Verursachung der Neurosen hat und in welcher Weise dieser sexuelle Faktor im Zusammenhang der „kulturellen“ Sexualmoral zu begreifen ist. Freud unterscheidet dabei die eigentlichen Neurosen und die Psychoneurosen.[19] Während die eigentlichen Neurosen neurasthenische Erscheinungen umfassen, begreift er unter Psychoneurosen die Hysterie, Zwangskomplexe. Die eigentlichen Neurosen manifestieren Symptome, die sich „ganz ähnlich [verhalten] wie die Erscheinungen bei übergroßer Zufuhr oder bei Entbehrung gewisser Nervengifte“[20]. Freud faßt seinen Einsichten in den Verursachungszusammenhang dieser psychischen Störungen bündig zusammen: „Man darf... den sexuellen Faktor für den wesentlichen in der Verursachung der eigentlichen Neurosen erklären.“[21] Dagegen ist die Krankheitsdynamik der Psychoneurosen „von der Wirksamkeit unbewußter (verdrängter) Vorstellungskomplexe“[22] abhängig. Sie haben wesentlich einen sexuellen Inhalt, und: „sie entspringen den Sexualbedürfnissen unbefriedigter Menschen und stellen für sie eine Art von Ersatzbefriedigung dar“[23]. Faktoren, die das Sexualleben schädigen oder unterdrücken, stellen somit nach Freud pathogene Faktoren der Psychoneurosen dar.

Der Entstehungszusammenhang der „eigentlichen Neurosen“ und „Psychoneurosen“ stellt sich als ein Zusammenspiel von objektiven, in der kulturellen Sexualmoral gegründeten Faktoren und subjektiven, oftmals nicht bis ins letzte klärbaren individuellen Faktoren dar. Eine entscheidende Rolle in diesem Prozeß spielt die „kulturelle“ Sexualmoral. Freud legt hier zum ersten Mal seinen Kulturbegriff dar: „Unsere Kultur ist ganz allgemein auf der Unterdrückung von Trieben aufgebaut. Jeder einzelne hat ein Stück seines Besitzes, seiner Machtvollkommenheit, der aggressiven und vindikativen Neigungen seiner Persönlichkeit abgetreten; aus diesen Beiträgen ist der gemeinsame Kulturbesitz an materiellen und ideellen Gütern entstanden. Außer der *Lebensnot* sind es wohl die aus der Erotik abgeleiteten *Familiengefühle*, welche die einzelnen Individuen zu diesem Verzichte bewogen haben. Der Verzicht ist ein im Laufe der Kulturentwicklung progressiver gewesen ...“[24] Die aus vielen Komponenten, z. B. den Partialtrieben, zusammengesetzten Sexualtriebe weisen nicht die im Tierbereich beobachtbare Periodizität auf, sie sind dauernde Antriebsquellen und stellen daher „der Kulturarbeit außerordentlich große Kraftmengen zur Verfügung“[25], und zwar aufgrund ihrer Verschiebbarkeit von ursprünglich sexuellen Zielen auf nichtsexuelle soziale Ziele im Prozeß der Sublimierung. *Gleichzeitig* kommen beim Sexualtrieb hartnäckige Fixierungen vor, die ihn für die Kulturarbeit unverwertbar machen. Des weiteren darf man sich die Sublimierung nicht als einen unbegrenzt ausdehnbaren Vorgang vorstellen. Zwar läßt sich ein großer Anteil der individuellen unterschiedlichen Sexualenergien sublimieren, ein bestimmter, ebenfalls individuell schwankender Betrag fordert seine direkte Befriedigung und stößt somit immer auch an die durch die Kultur gezogenen Grenzen: „Ein gewisses Maß direkter sexueller Befriedigung scheint für die allermeisten Organisationen unerläßlich, und die Versagung dieses individuell variablen Maßes straft sich durch Erscheinungen, die wir infolge ihrer Funktionsschädlichkeit und ihres subjektiven Unlustcharakters zum Kranksein rechnen müssen.“[26]

Hier nun beginnt das kulturbedingte Drama der intrapsychischen Metamorphosen der Anteile des Sexualtriebs, die nicht in den Dienst der Fortpflanzung treten oder sublimiert werden können. Im „Normalfall“ geht die Entwicklung der Sexualtriebe vom Autoerotismus zur Objektliebe und von der Autonomie der erogenen Zonen zu ihrer Unterordnung unter das Primat der in den Dienst der Fortpflanzung gestellten Genitalien. Dieser Prozeß verläuft aber nicht glatt im Sinne einer reibungslosen Einfügung der Sexualtriebe in die gesellschaftlich vorgegebenen offiziellen Verhaltensinstitutionen. In Freuds Perspektive stellt sich das so dar: „Während dieser Entwicklung wird ein Anteil der vom eigenen Körper gelieferten Sexualerregung als unbrauchbar für die Fortpflanzungsfunktion gehemmt und im günstigen Falle der

Sublimierung zugeführt. Die für die Kulturarbeit verwertbaren Kräfte werden so zum großen Teile durch die Unterdrückung der sogenannt *perversen* Anteile der Sexualerregung gewonnen."[27] Die Dynamik dieses Prozesses ist abhängig von der Art und Rigidität der gesellschaftlichen Verhaltensinstitutionen. Freud unterscheidet in der Entwicklung und gesellschaftlichen Einbindung des Sexualtriebes drei Kulturstufen: eine erste Stufe, auf der die sexuelle Betätigung völlig frei ist, eine zweite, in der alles am Sexualtrieb unterdrückt wird, was nicht der Fortpflanzung dient, eine dritte Stufe, das ist die „kulturelle" Sexualmoral seiner Zeit, in der der Sexualtrieb nur der legitimen Fortpflanzung, d. h. der Fortpflanzung innerhalb der Ehe, dienen darf. Die „kulturelle" Sexualmoral ist die Sexualmoral einer in ihren normativen Mustern von christlichen Prinzipien geprägten Gesellschaft, die als *finis principalis* der Ehe die Fortpflanzung betrachtet und jede Lustbetätigung diesem Ziele unterordnet. Diese Gesellschaft ist zugleich eine arbeitsorientierte Produktionsgesellschaft, die unabdingbar zu ihrer Entwicklung und Entfaltung auf eine asketische, lustfeindliche Ethik verwiesen ist. In ihr hatten noch die Muster der frühbürgerlichen Gesellschaft normative Geltung, in ihnen verwob sich, wie Max Weber[28] gezeigt hat, die „innerweltliche Askese" des Protestantismus mit den Arbeits- und Akkumulationszwängen der industriell-kapitalistischen Gesellschaft.

Schon die zweite Kulturstufe, welche die Sexualbetätigung nur im Rahmen der Fortpflanzung duldet, bereitet einer Reihe von Menschen mit sehr unterschiedlichen Organisationsformen des Psychischen gravierende Probleme. Freud untersucht diese Probleme im Hinblick auf a) die Perversionen, b) die Inversionen (Homosexualität) und c) die Neurosen. Bei den Perversen liegt eine infantile Fixierung auf ein vorläufiges Sexualziel vor; auf diese Weise wird die Unterordnung des Sexualtriebs unter das Primat der Fortpflanzungsfunktion blockiert. Freud betont, daß Momente des Perversen stets auch im Sexualleben der „Gesunden" vorkommen; der Grad der Perversion bemißt sich an der Ausschließlichkeit und Fixierung an „intermediären Relationen zum Sexualobjekt"[29]. Freud geht dabei davon aus, daß die Menschen mit einem je unterschiedlichen Potential an Triebenergie ausgestattet sind. Dieses individuell variable Maß definiert auch die Dynamik der intrapsychischen Leidensprozesse und somit auch den individuell erlebten Widerstreit von Kultur und psychischem Organismus. So gelingt es den nur schwach Perversen mit allgemein schwachem Sexualtrieb eher oder sogar völlig, jene Neigung zu unterdrücken, welche sie „in Konflikt mit der Moralforderung ihrer Kulturstufe“[30] bringt. Allerdings werden in diesem Falle wichtige Energien, die sie zur Unterdrückung ihrer sexuellen Triebe verwenden, der Kulturarbeit entzogen: „sie sind gleichsam in sich gehemmt und nach außen gelähmt“[31]. Unvermindert tritt aber der Konflikt zwischen Individuum und Kultur hervor, wenn es sich um „stärkere und zumal exklusive Ausbildungen der Perversionen“[32] handelt und der Konflikt durch eine generell triebstarke Grunddisposition angeheizt wird. Diese Menschen werden „sozial unbrauchbar und unglücklich, so daß selbst die Kulturanforderungen der zweiten Stufe als eine Quelle des Leidens für einen gewissen Anteil der Menschheit anerkannt werden müssen“[33]. Das gleiche Schicksal kann die Invertierten, die Homosexuellen, treffen, deren Sexualziele sich auf das gleiche Geschlecht richten. Freud betont im übrigen, daß diese Phänomene, angesichts der komplexen Zusammensetzung des Sexualtriebs, nicht totalisiert werden dürfen; so zeichnen sich z. B. die Homosexuellen „sogar häufig durch eine besondere Eignung des Sexualtriebes zur kulturellen Sublimierung aus“[34].

Verfolgen wir den von Freud geschilderten Prozeß bei „intensiverem, aber perversem Sexualtrieb“[35]. Freud betrachtet dabei nur den Fall, bei dem die Perversion nicht ausagiert, sondern unterdrückt wird. Allerdings kann weniger von Unterdrückung als einem „Mißglücken der Unterdrückung“[36] gesprochen werden. Der Erfolg bzw. Mißerfolg der Unterdrückung liegt darin, daß infolge der Triebunterdrückung Ersatzerscheinungen, die Psychoneurosen, auftreten. Die Psychoneurosen können als das unsichtbare „Negativ“ der Perversion betrachtet werden, „weil sich bei ihnen die perversen Regungen nach der Verdrängung aus dem Unbewußten des Seelischen äußern, weil sie dieselben Neigungen wie die positiv Perversen im ‘verdrängten’ Zustand enthalten“[37]. Die Neurotiker stellen, indem ihre Symptome in den allgemeineren Zusammenhang der „kulturellen“ Sexualmoral gestellt werden, immer auch eine Anklage gegen diese rigide Sexualmoral dar: „Die Neurotiker sind jene Klasse von Menschen, die es bei widerstrebender Organisation unter dem Einflusse der Kulturanforderungen zu einer nur scheinbar und immer mißglückenden Unterdrückung ihrer Triebe bringen, und die darum ihre Mitarbeiterschaft an den Kulturwerken nur mit großem Kräfteaufwand, unter innerer Verarmung, aufrecht erhalten oder zeitweise als Kranke aussetzen müssen."[38] Die Neurose ist in gewissem Sinne ein mißglückter Tribut an die allgemeine Moral; so kann Freud sagen, daß die Neurotiker „sich wohler befunden [hätten], wenn es ihnen möglich geblieben wäre, schlechter zu sein"[39]. Die Neurose spiegelt also zugleich die Unerbittlichkeit der Kulturforderungen wie auch die Grenze der psychosozialen Anpassung wider; sie zeigt, „daß es für die meisten Menschen eine Grenze gibt, über die hinaus ihre Konstitution der Kulturanforderung nicht folgen kann"[40]. Sie spiegelt also ein Stück mißlungener Anpassung der ersten Natur an die gesellschaftliche zweite. Sie demonstriert auch, daß es, trotz aller Plastizität der Antriebe, ihrer Verschiebbarkeit, so etwas wie einen Kern an Bedürfnissen gibt, der sich der unbegrenzten Einpassung in die herrschende Kultur widersetzt.

Freud hat denn auch nicht gezögert, die strenge Sexualmoral, wie sie sich bereits auf der zweiten und dann verschärft der dritten Kulturstufe manifestiert, anzuklagen: „Es ist eine der offenkundigen *sozialen Ungerechtigkeiten,* wenn der kulturelle Standard von allen Personen die nämliche Führung des Sexuallebens fordert, die den einen dank ihrer Organisation mühelos gelingt, während sie den anderen die schwersten psychischen Opfer auferlegt, eine Ungerechtigkeit freilich, die zumeist durch die Nichtbefolgung der Moralvorschriften vereitelt wird."[41]

Dieser Konflikt spitzt sich zu, wenn die Kulturforderungen noch weiter auf die Spitze getrieben werden und die Sexualbetätigung auf die „legitime Fortpflanzung" in der Ehe eingeschränkt wird. Die Zahl der Starken, so Freuds Prognose, werde zunehmen, die sich in „offenen Gegensatz" zu der „kulturellen" Sexualmoral stellen wird; ebenso werde die Zahl der Schwächeren zunehmen, die sich in diesem Konflikt in neurotisches Kranksein flüchten wird. Die Erhöhung der sexuellen Einschränkungen auf der dritten Kulturstufe werde unweigerlich zu einer Zunahme der nervösen, psychoneurotischen Erkrankungen in der Gesellschaft führen. Freud hat in seiner Erörterung der Sexualmoral der dritten Kulturstufe, der „kulturellen" Sexualmoral, die Frage aufgeworfen, ob die legitime Sexualbetätigung die vorausgegangenen Verzichtsleistungen aufwiegt und wie denn überhaupt das Verhältnis der neurotischen Schädigung zum kulturellen Gewinn beschaffen ist. Freuds Analyse ist eine schonungslose Abrechnung mit den Widersprüchen der viktorianischen Ehe. Weder für den Mann noch für die Frau bietet diese Ehe Aussicht auf die erhoffte und ersehnte Lust. Die Frau wird durch die starre, einschränkende Erziehung, durch die „künstliche Verzögerung der Liebesfunktion“[42] frigide; sie bereitet „dem Mann, der all sein Begehren für sie aufgespart hat, nur Enttäuschungen“. Insgesamt „werden durch die Vorbereitung zur Ehe die Zwecke der Ehe selbst vereitelt“[43]. Die starke Hemmung der Sexualität, die der Frau in der Erziehung widerfährt, hat freilich noch eine andere Wirkung. Aufgrund der von Freud angenommenen „Vorbildlichkeit“ der Sexualität, d.h. ihrem exemplarischen Stellenwert für das gesamte Sozialverhalten, kommt es bei den Frauen durch das Sexualverbot auch zu einer Hemmung der Intellektualität, einer „Denkhemmung“. Die Zurückdrängung der sexuellen Wißbegierde, das in diesem Bereich ausgesprochene „Denkverbot greift über die sexuelle Sphäre hinaus“ und führt zu der „intellektuellen Inferiorität so vieler Frauen“.[44]

Aber auch für den Mann bietet der Sexualverkehr in der legitimen Ehe keine wirkliche Befriedigung. Er nennt dabei auch die Einschränkung des sexuellen Genusses durch die unzureichenden Antikonzeptionsmittel. Nach wenigen Jahren, in die die Kinderzeugung fällt, wird zum Schicksal der meisten Ehen die „seelische Enttäuschung“ und die „körperliche Entbehrung“. Schließlich „finden sich beide Teile auf den früheren Zustand vor der Ehe zurückversetzt, nur um eine Illusion verarmt und von neuem auf ihre Festigkeit, den Sexualtrieb zu beherrschen und abzulenken, angewiesen“[45]. Freud kommt daher im Horizont seiner Zeit zu einer negativen Antwort auf die Frage, ob die Ehe eine Entschädigung für die sexuelle Einschränkung vor der Ehe bieten kann. Die Frau löst den Konflikt zwischen Pflicht und Neigung oftmals durch die Flucht in die Krankheit, welche in makabrer Weise zur Hüterin der Tugend wird. Dem Mann räumt die Männergesellschaft, „wenngleich nur stillschweigend und widerwillig“[46], ein Stück Sexualfreiheit ein, indem sie eine „doppelte“ Sexualmoral schafft. Diese doppelte Moral ist, so Freud, „das beste Eingeständnis, daß die Gesellschaft selbst, welche die Vorschriften erlassen hat, nicht an deren Durchführbarkeit glaubt“[47].

Freud zeigt in aller Schärfe die Widersprüche und die Sackgassen der herrschenden „kulturellen“ Sexualmoral, wie sie sich besonders in der Institution der Ehe manifestiert, auf. Freud schwankte, trotz der scharfen Kritik, in seinen praktischen Vorschlägen zwischen Parteinahme und Zurückhaltung: Zur Parteinahme drängte ihn, oftmals fast wider Willen, aber doch vom leidvollen Zustand der Wirklichkeit mitgerissen, das Temperament des Aufklärers, der das, was er versteht, auch verbessern will – der um die Anerkennung und Ausbreitung der Psychoanalyse besorgte Theoretiker neigte eher zur Zurückhaltung. Gleichwohl war Freud, der sich in seinem Werk zwischen den Polen Kritik und Skepsis bewegte, doch eher pessimistisch, was den Saldo des Kulturprozesses anbetraf: „... so darf man wohl die Frage aufwerfen, ob unsere 'kulturelle' Sexualmoral der Opfer wert ist, welche sie uns auferlegt, zumal, wenn man sich vom Hedonismus nicht genug frei gemacht hat, um nicht ein gewisses Maß von individueller Glücksbefriedigung unter die Ziele unserer Kulturentwicklung aufzunehmen."[48]

Als Gesellschaftskritik stellt die Psychoanalyse die Frage nach der Notwendigkeit und dem Umfang der normativ zu regulierenden Bereiche. Diese Fragen lassen sich mit Sicherheit nicht apodiktisch entscheiden, sondern nur im Zusammenhang eines in der gesellschaftlichen Praxis sich vollziehenden Prozesses von "trial" und "error".

Freud hat sich in der Arbeit ›Über Psychotherapie‹ (1905) bereits ausführlich mit den individuellen Konfliktlagen und ihren Linderungsmöglichkeiten gerade im Bereich der sexuellen Konflikte auseinandergesetzt. So mit der Frage, ob nicht, wenn in der Ätiologie der Neurose die Sexualität eine so herausragende Rolle spielt, anstelle der analytischen Kur die sexuelle Betätigung als direktes Heilmittel anzuempfehlen sei.[49] Freuds Antwort hierzu: „Ich weiß nun nicht, was mich bewegen könnte, diese Folgerung zu unterdrücken, wenn sie berechtigt wäre. Die Sache liegt aber anders. Die sexuelle Bedürftigkeit und Entbehrung, das ist bloß der eine Faktor, der beim Mechanismus der Neurose ins Spiel tritt; bestünde er allein, so würde nicht Krankheit, sondern Ausschweifung die Folge sein. Der andere, ebenso unerläßliche Faktor, den man allzu bereitwillig vergißt, ist die Sexualabneigung der Neurotiker, ihre Unfähigkeit zum Lieben, jener psychische Zug, den ich 'Verdrängung' genannt habe. Erst aus dem Konflikt zwischen beiden Strebungen geht die neurotische Erkrankung hervor und darum kann der Rat der sexuellen Betätigung bei den Psychoneurosen eigentlich nur selten als guter Rat bezeichnet werden."[50] Im selben Zusammenhang verweist Freud darauf, daß „nirgends ... Kultur und Erziehung so großen Schaden gestiftet [haben], wie gerade hier [gemeint ist das Sexualleben der Neurotiker – B. W. R.]"[51].

Ist auf diesem kulturellen Hintergrund überhaupt eine „erfolgreiche", „gelungene" Therapie möglich, welche den Leidensdruck der Menschen abmindert? Wie könnte eine solche im Medium individueller Biographien, in denen sich die Versagungen der Kultur einschreiben, aussehen? Am Schluß seiner ersten großen Vorlesungen an der Clark University[52] stellte sich Freud die Frage, welches die Schicksale der durch die Psychoanalyse freigelegten unbewußten Wünsche sein könnten. Er hat drei miteinander in Verbindung stehende Wege genannt: 1. „Die *Verdrängung* wird durch eine mit den besten Mitteln durchgeführte *Verurteilung* ersetzt"[53], 2. die zur Aufrechterhaltung der Verdrängung freigesetzten Energien werden nunmehr für die Verfolgung sozial wertvoller, kultureller Ziele nutzbar, 3. „Ein gewisser Anteil der verdrängten libidinösen Regungen hat ein Anrecht auf direkte Befriedigung und soll sie im Leben finden. Unsere Kulturansprüche machen für die meisten der menschlichen Organisationen das Leben zu schwer, fördern dadurch die Abwendung von der Realität und die Entstehung der Neurosen, ohne einen Überschuß an kulturellem Gewinn durch dies Übermaß von Sexualverdrängung zu erzielen. Wir sollten uns nicht so weit überheben, daß wir das ursprünglich Animalische unserer Natur völlig vernachlässigen, dürfen auch nicht daran vergessen, daß die Glücksbefriedigung des einzelnen nicht aus den Zielen der Kultur gestrichen werden kann. Die Plastizität der Sexualkomponenten, die sich in ihrer Fähigkeit zur Sublimierung kundgibt, mag ja eine große Versuchung herstellen, durch deren immer weiter gehende Sublimierung größere Kultureffekte zu erzielen. Aber so wenig wir darauf rechnen, bei unseren Maschinen mehr als einen gewissen Bruchteil der aufgewendeten Wärme in nutzbare mechanische Arbeit zu verwandeln, so wenig sollten wir es anstreben, den Sexualtrieb in seinem ganzen Energieausmaß seinen eigentlichen Zwecken zu entfremden. Es kann nicht gelingen, und wenn die Einschränkung der Sexualität zu weit getrieben werden soll, muß es alle Schädigungen eines Raubbaues mit sich bringen."[54]

An diesem Punkt berühren sich wiederum die therapeutische Perspektive und das normative Milieu der Gesamtkultur. Der Spielraum für Therapie ist und bleibt begrenzt, die Psychoanalyse läßt sich eben nicht aus dem Zusammenhang der Gesamtkultur herauslösen und als eine Art therapeutische Provinz, ein relativ autonomes mikrosoziales Modell der psychischen Rekonstruktion begründen. Damit verdeutlicht sich noch einmal der Ansatz der psychoanalytischen Gesellschaftskritik: sie hält am Anspruch der individuellen „Glücksbefriedigung" fest, reflektiert und problematisiert die normativen Grundlagen der „kulturellen" Sexualmoral und wirft die Frage auf, in welchem Ausmaß der Bereich sexuellen Verhaltens sozial reguliert werden muß.

Die Psychoanalyse und insbesondere die psychoanalytische Gesellschaftskritik stießen von Anbeginn auf den erbitterten Widerstand der Gesellschaft. Freud hat diesen Konflikt reflektiert: „Die Gesellschaft wird sich nicht beeilen, uns Autorität einzuräumen. Sie muß sich im Widerstande gegen uns befinden, denn wir verhalten uns kritisch gegen sie; wir weisen ihr nach, daß sie an der Verursachung der Neurosen selbst einen großen Anteil hat. Wenn wir den einzelnen durch die Aufdeckung des in ihm Verdrängten zu unserem Feinde machen, so kann auch die Gesellschaft die rücksichtslose Bloßlegung ihrer Schäden und Unzulänglichkeiten nicht mit sympathischem Entgegenkommen beantworten; weil wir Illusionen zerstören, wirft man uns vor, daß wir die Ideale in Gefahr bringen."[55] Freud hatte aber zugleich auch die Hoffnung, daß sich am Ende doch die psychoanalytische Erkenntnis durchsetzen werde. Von der allgemeinen psychoanalytischen Aufklärung erhoffte sich Freud „Allgemeinwirkungen": eine sich unabwendbar einstellende „Toleranz der Gesellschaft"[56], die „Umkehr zu einem wahrheitsgemäßeren und würdigeren Zustand der Gesellschaft"[57]. Trotz des subjektiven und manchmal auch objektiven, für die Gesellschaft durchaus nützlichen „Krankheitsgewinns" der Neurosen dünkte ihm, daß die „Schädigung für die einzelnen wie für die Gesellschaft"[58] im Endeffekt doch zu groß sei. Die durch die Verdrängung unfruchtbar verzehrten Energien werden, dies war Freuds Hoffnung, „doch den Schrei nach jenen Veränderungen in unserer Kultur verstärken helfen, in denen wir allein das Heil für die Nachkommenden erblicken"[59].

In seinem 1910 gehaltenen Vortrag ›Die zukünftigen Chancen der psychoanalytischen Therapie‹ weitet Freud die an der Beobachtung des Individuums gewonnenen psychoanalytischen Erkenntnisse auf die Gesamtgesellschaft aus: An die Stelle des einzelnen Kranken setzt er die aus Kranken und Gesunden bestehende Gesellschaft, und er überträgt die therapeutische Vorgehensweise auf die, wie er sagt, „Masse". Hier wird zum ersten Mal der Topos „Patient Gesellschaft" eingeführt. Dabei hat

Freud folgende Erwartung: „Der Erfolg, den die Therapie beim einzelnen haben kann, muß auch bei der Masse eintreten. Die Kranken können ihre verschiedenen Neurosen, ihre ängstliche Überzärtlichkeit, die den Haß verbergen soll, ihre Agoraphobie, die von ihrem enttäuschten Ehrgeiz erzählt, ihre Zwangshandlungen, die Vorwürfe wegen und Sicherungen gegen böse Vorsätze darstellen, nicht bekannt werden lassen, wenn allen Angehörigen und Fremden, vor denen sie ihre Seelenvorgänge verbergen wollen, der allgemeine Sinn der Symptome bekannt ist, und wenn sie selbst wissen, daß sie in den Krankheitserscheinungen nichts produzieren, was die anderen nicht sofort zu deuten verstehen."[60]

Vom Allgemeinwerden der psychoanalytischen Erkenntnis erwartet Freud einen Veränderungsschub, das allgemeine Wissen entzieht den Symptomen den latenten Boden ihres Funktionierens. Durch die Aufhellung der bislang verborgenen Zusammenhänge, die „Mitteilung des Geheimnisses"[61] soll der Krankheitsgewinn illusorisch gemacht werden, eine Einstellung der Krankheitsproduktion erfolgen.

Freud hat im selben Jahr, in dem er den Vortrag ›Die zukünftigen Chancen der psychoanalytischen Therapie‹ gehalten hat, einen kleinen Beitrag verfaßt, der sich mit dem Problem der „wilden" Psychoanalyse beschäftigt. Die in dieser Arbeit ausgesprochenen Erkenntnisse müssen notwendigerweise zur Einschränkung des von Freud erwarteten Effektes der psychoanalytischen Aufklärung führen. Freud geht in seinen Erörterungen von der „längst überwundene[n], am oberflächlichen Anschein haftende[n] Auffassung" aus, „daß der Kranke infolge einer Art von Unwissenheit leide, und wenn man diese Unwissenheit durch Mitteilung [über die ursächlichen Zusammenhänge seiner Krankheit mit seinem Leben, über seine Kindheitserlebnisse usw.] aufhebe, müsse er gesund werden".[62] Freud verweist darauf, daß nicht das Nichtwissen an sich das pathogene Moment ist, sondern die „Begründung des Nichtwissens in *inneren Widerständen,* welche das Nichtwissen zuerst hervorgerufen haben und es jetzt noch unterhalten"[63]. Gerade in der Bekämpfung dieser Widerstände sieht Freud die Aufgabe der Therapie. Aus diesem Argument folgt, daß Wissen allein noch nicht genügt, die pathogene Struktur außer Kraft zu setzen: „Wäre das Wissen des Unbewußten für den Kranken so wichtig wie der in der Psychoanalyse Unerfahrene glaubt, so müßte es zur Heilung hinreichen, wenn der Kranke Vorlesungen anhört oder Bücher liest."[64] Freud hebt sogar auf dieser Ebene, der Ebene der Einzelbehandlung, hervor, daß die bloß kognitive Aufklärung eine gegenteilige Wirkung haben kann, „denn die Mitteilung des Unbewußten an den Kranken hat regelmäßig die Folge, daß der Konflikt in ihm verschärft wird und die Beschwerden sich steigern“[65].

Für eine erfolgversprechende Therapie sind – von anderen Voraussetzungen abgesehen[66] – zwei Bedingungen wichtig: Der Kranke muß selbst in die Nähe des von ihm Verdrängten kommen, und er muß durch Übertragung an den Arzt attachiert sein, so daß Flucht und Rückzug unmöglich werden. Diese Bedingungen sind aber in allgemeinen und diffusen Aufklärungsprozessen in der Gesellschaft nicht gegeben.

Damit hat Freud im strengen Sinne den von ihm erwarteten Aufklärungs- und Veränderungseffekt durch psychoanalytisches Wissen widerlegt. Es wird deutlich, daß Prozesse unterschiedlicher Ebenen – z. B. Therapie, allgemeine Aufklärung – nicht auf dem Analogieweg zu rekonstruieren sind. Der Übertragung des psychoanalytischen Verfahrens auf Prozesse der „öffentlichen“ Kommunikation sind damit enge Grenzen gesteckt. Somit verbietet es sich – wie es in den späteren Diskussionen immer wieder geschehen ist –, die Gesellschaft als Patienten zu begreifen, der einer analytischen Kur zu unterziehen wäre. Praktisch folgenreiche Aufklärung kann nicht nach dem Modell der therapeutischen Kommunikation gedacht werden. Kommt es im Fall der Therapie auf eine hermeneutische Rekonstruktion fragmentierter Sinnorientierungen an, so geht es zwar im gesellschaftlichen Bereich nicht ohne Verstehen, der Akzent aber liegt auf der realen Veränderung von Strukturen, und zwar solchen, in deren Horizont sich die individuellen Biographien überhaupt erst ausbilden und deformiert werden.

Freud hat im Zuge der Entwicklung der Psychoanalyse zur Wissenschaft, zu einem wissenschaftlichen System einen umfassenden Überblick über ›Das Interesse an der Psychoanalyse‹ (1913) gegeben. Er weist dabei explizit darauf hin, daß sich dieser an diejenigen wendet, „die sich für die Synthese der Wissenschaften interessieren“[67] und wissen wollen, was die Psychoanalyse als „junge Wissenschaft“ leisten kann. Freud war sich hier, wie auch schon in früheren Arbeiten, der Bedeutung der Psychoanalyse voll bewußt und verortet die Psychoanalyse im Kanon der Wissenschaften. Freud behandelt in dieser Arbeit das sprachwissenschaftliche, philosophische, biologische, entwicklungsgeschichtliche, kulturhistorische, kunstwissenschaftliche, soziologische und pädagogische Interesse an der Psychoanalyse. Ich beschränke mich hier auf die für die Gesellschaftstheorie relevanten Aspekte der Erörterung. Das soziologische Interesse an der Psychoanalyse umfaßt zwei Dimensionen: *Zum einen* analysiert die Psychoanalyse die „affektiven Grundlagen für das Verhältnis des einzelnen zur Gesellschaft“[68]. Die affektiven Grundlagen treten dort besonders auffällig hervor, wo diese im Verhältnis zur Gesellschaft stark gestört sind, wo also die sozialen Gefühle, die von seiten der Erotik gespeist werden, entweder überbetont oder verdrängt werden. Im Falle der Neurosen wird das Individuum aus der Gesellschaft herausgedrängt, vergleichbar dem – so Freud – Klosterasyl in früheren Zeiten. *Zum anderen* zeigt die Psychoanalyse auf, welchen Anteil „soziale Verhältnisse“ an der Verursachung der Neurose haben. Die Kultur beruht auf Triebeinschränkung und Triebverdrängung; ihr entspricht auf der Seite des Subjekts eine „Gefügigkeit gegen die sozialen Kulturforderungen“[69]. Die „Gefügigkeit“ der menschlichen Natur ist allerdings nicht so groß, daß die Triebwünsche vollständig ausgelöscht werden oder – was dieselbe Wirkung hätte – vollständig sublimiert werden. Im Verdrängten wird das Verdrängte ebensowohl negiert wie an ihm festgehalten. So manifestiert sich in der Neurose in der auffälligen Form der Krankheit der Konflikt von Individuum und Gesellschaft. Dieser Konflikt verweist auf die Resistenz der ersten Natur gegen die funktionale, zweckbestimmte Vergesellschaftung ebenso wie auf die Rigidität und Repressivität der sozialen Verhaltensinstitutionen. Der Kulturbegriff umfaßt zwei Dimensionen: Zum einen besteht er aus triebeinschränkenden und triebunterdrückenden Verhaltensinstitutionen, der „kulturellen“ Sexualmoral; zum anderen zeigt die Kulturgeschichte, daß kulturelle und soziale Institutionen immer auch Versuche und Wege sind, „sich für die mangelnde Wunschbefriedigung Entschädigung zu schaffen“.[70]

Soll die Psychoanalyse angesichts des repressiven Charakters menschlicher Vergesellschaftung revolutionierende Erziehungsziele empfehlen? Freuds Ausführungen über „das pädagogische Interesse“ an der Psychoanalyse spiegeln die sein ganzes Werk durchziehende politische Ambivalenz. Freud nimmt durchaus die Position eines „antiautoritären“ Aufklärers ein, wenn er darauf hinweist, daß die gewalttätige Unterdrückung asozialer und perverser Neigungen beim Kinde oftmals das bewirkt, was sie zu verhindern trachtet. Die unterdrückende Erziehung, welche einsichtslos und streng die „geforderte Normalität“[71] des Kindes herzustellen versucht, wird die starken Triebe nicht beseitigen, sondern oftmals nur zu ihrer Verdrängung führen und somit die Disposition für spätere neurotische Erkrankungen legen. Im günstigeren Fall werden diese Triebe nicht unterdrückt, sondern sie sollen im Prozeß der Sublimierung von den ursprünglichen Triebzielen zu sozial prämierten umgelenkt werden. Von einer „psychoanalytisch aufgeklärten Erziehung“ erwartet sich Freud eine „individuelle Prophylaxe der Neurosen“.[72] Freud hat jedoch, wie eine spätere Diskussion über die Erziehungsziele zeigt, Erziehungsziele abgelehnt, in welchen sich Absichten kundtun, „die mit der bestehenden sozialen Ordnung unvereinbar sind. Die psychoanalytische Erziehung nimmt eine ungebetene Verantwortung auf sich, wenn sie sich vorsetzt, ihren Zögling zum Aufrührer zu modeln. Sie hat das ihrige getan, wenn sie ihn möglichst gesund und leistungsfähig entläßt. In ihr selbst sind genug revolutionäre Momente enthalten, um zu versichern, daß der von ihr Erzogene im späteren Leben sich nicht auf die Seite des Rückschritts und der Unterdrückung stellen wird. Ich meine sogar, revolutionäre Kinder sind in keiner Hinsicht wünschenswert“.[73]

Freuds schärfste Kultur- und Gesellschaftskritik findet sich in der schonungslosen Aufräumung mit den menschlichen „Illusionen“ in der Schrift ›Die Zukunft einer Illusion‹. Kaum je ist seit Marx die Entzweiung und der Zwiespalt von Kultur und Einzelnem, einer herrschenden Minderheit und einer beherrschten Mehrheit mit theoretischen Mitteln schärfer herausgearbeitet worden.

Kultur, so Freud, dient der Naturbeherrschung und Güterproduktion zur Bedürfnisbefriedigung einerseits, der Regelung der Beziehungen und besonders der „Verteilung der erreichbaren Güter“[74] andererseits. Zwischen Kultur und Einzelnem besteht ein Spannungsverhältnis; die Kultur schützt nicht nur ihre Errungenschaften und Institutionen, sie ist darüber hinaus etwas, „was einer widerstrebenden Mehrheit von einer Minderheit auferlegt wurde, die es verstanden hat, sich in den Besitz von Macht- und Zwangsmitteln zu setzen“[75]. So kann bezweifelt werden, ob die Kultur überhaupt der Opfer, die sie den Menschen auferlegt, wert ist. Es gibt zwei Arten gesellschaftlicher Einschränkungen: solche, „die alle betreffen, und solche, die nicht alle betreffen, bloß Gruppen, Klassen oder selbst einzelne“[76]. Die Unterdrückten in einer Kultur befinden sich in einer ambivalenten Lage: Zum einen erzeugt die ungleiche Güterverteilung eine „intensive Feindseligkeit bei den Ausgeschlossenen", die sogar bereit sind, die Kultur selbst zu zerstören, andererseits aber identifizieren sich die Unterdrückten in narzißtischer Weise „mit der sie beherrschenden und ausbeutenden Klasse"[77], sie können „affektiv an diese gebunden sein, trotz der Feindseligkeit ihre Ideale in ihren Herren erblicken"[78]. Damit hat Freud einen wichtigen Mechanismus entschlüsselt, der erklärt, warum Unterdrückte in materiell oft fast aussichtsloser Situation nicht zu revolutionären Mitteln greifen. Freud hat im übrigen an seiner Position zu diesem Problem, „daß eine Kultur, welche eine so große Zahl von Teilnehmern unbefriedigt läßt und zur Auflehnung treibt, weder Aussicht hat, sich dauernd zu erhalten, noch es verdient"[79], keinen Zweifel gelassen.

So scharfsichtig und kritisch Freud auf der einen Seite die Schichtenspaltung und ihre sozialen Wirkungen analysierte, so reaktionär war er auf der anderen Seite, wenn er in diesem Zwiespalt und Streit auf die schlichtende Funktion von Führern setzte: „Nur durch den Einfluß vorbildlicher Individuen, die sie [die Massen – B. W. R] als ihre Führer anerkennen, sind sie zu den Arbeitsleistungen und Entsagungen zu bewegen, auf welchen der Bestand der Kultur angewiesen ist."[80] So radikal Freud auch war, im Grenzfall griff er immer wieder, in unterschiedlichen Argumentationszusammenhängen, auf Elemente reaktionärer bürgerlicher Ideologie, wie hier auf die „überlegenen, unbeirrbaren und uneigennützigen Führer"[81], zurück. In der Auseinandersetzung mit Freud muß man die Spannung seines Denkens zwischen den Polen mutiger Kritik und Fortschrittlichkeit auf der einen und der Verhaftung in den reaktionären Ideologien seiner Zeit aushalten.

Freuds eigentliches Thema in den kulturtheoretischen Erörterungen war die Frage, welchen Tribut die Kultur als Kultur, sofern sich dieser Aspekt überhaupt aus ihrer Amalgamierung mit Herrschaft, Macht und ungleicher Güterverteilung herauslösen läßt, vom Einzelnen fordert, zumal es „scheint ..., daß sich jede Kultur auf Zwang und Triebverzicht aufbauen muß"[82]. Dabei setzt Freud anthropologisierend immer schon voraus, daß „bei allen Menschen destruktive, also antisoziale und antikulturelle Tendenzen vorhanden sind"[83]. Ebenso wie im Falle der herrschenden Kultur resp. Kultur der Herrschenden dürfte es schwierig sein, die vorgesellschaftlichen Potentiale der Antisozialität von den von der Gesellschaft selbst durch ihre Härte und Repression hervorgebrachten analytisch zu unterscheiden. Freud selbst hatte in vielen Arbeiten in Rechnung gestellt, daß die Kultur selbst, durch sich selbst, durch ihren unterdrückenden Charakter eine auf sie gerichtete Feindseligkeit hervortreibt. Um sich die Segnungen, oder zumindest die Sicherheiten des Kulturzustandes, auszumalen, rekurriert Freud, wie Hobbes im ›Leviathan‹, auf einen unerträglichen Naturzustand, der zwar alle Freiheiten gewährt, aber gleichzeitig auch alle Gefahren nach sich zieht. So ist es denn eine der Hauptfunktionen der Kultur, die Menschen gegen die Gefährdungen durch die äußere wie innere Natur zu schützen. In dieser Situation des oft unerträglichen, entsagungsreichen, instabilen Kulturzustandes ist die Religion beigesprungen und hat den Kulturvorschriften die Weihe eines göttlichen Ursprungs gegeben und versucht, die Menschen mit den Leiden der Realität zu versöhnen. Die Religion hat aber, das wird von Freud nicht so gesagt, geht aber aus seiner Analyse zwangsläufig hervor, die Menschen nicht nur mit dem Druck der allgemeinen Kulturversagung ausgesöhnt, sondern auch mit den repressiven Zuständen und zugemuteten Entsagungen, die in der Herrschaft einer besitzenden Minderheit über eine besitzlose Mehrheit gründen. Aber: die Verankerung der allgemeinen Moralstrukturen, der kulturellen Sexualmoral ist auf Sand gebaut, denn die Religion selbst ist eine Illusion, die im Zeitalter der Vernunft obsolet wird. Darin äußert sich wieder der Aufklärer Freud: „Es gibt keine Instanz über der Vernunft."[84] Die religiöse Begründung kultureller Normen ist also passé, so daß sich fortan die „Kulturverbote" „soziale Begründungen" suchen müssen. Sie würden auf diese Weise ihre Starrheit und Unwandelbarkeit verlieren, die Menschen würden sie als von Menschen geschaffen begreifen, die ihren Interessen dienen und prinzipiell verbesserungsfähig sind. Eine solche „rationelle Begründung der Kulturvorschriften" aus der „sozialen Notwendigkeit" wäre nach Freud ein „wichtiger Fortschritt ..., der zur Versöhnung mit dem Druck der Kultur führt"[85]. Worum es ihm geht, ist der „Primat der Intelligenz über das Triebleben"; Vernunft und Erfahrung sollen auf der erreichten Kulturstufe die Frage der gesellschaftlich notwendigen Triebeinschränkungen mit diskursiven Mitteln bewältigen. Es ist ein Credo an die Macht der wissenschaftlichen Vernunft, die sich trotz aller Einschränkungen durch die menschliche Triebe im Endeffekt doch durchsetzt.

Ob sich durch die rationelle Begründung der kulturellen Normen *allein* eine umfassende Versöhnung aller Menschen mit dem Kulturdruck erreichen läßt, kann bezweifelt werden, solange nicht auch die Herrschaft und die Güterverteilung in der Gesellschaft auf eine rationelle Grundlage gestellt werden. Dieser wichtige Aspekt ist in Freuds Argumentation in ›Die Zukunft einer Illusion‹ mehr und mehr in den Hintergrund getreten. Die Aussöhnung der Menschen in diesem Bereich läßt sich allein durch neue Techniken der Begründung von Einschränkungen nicht erreichen, es sei denn, diese gingen einher mit einer sozialen Revolutionierung der Herrschafts- und Ungleichheitsstrukturen. Solange die allgemeinen Moralstrukturen in einer Gesellschaft mit dem Makel geschlagen sind, daß sie in wesentlichen Teilen ideologische Machtmittel der Herrschenden sind, wird es keine Versöhnung mit dem Kulturdruck geben, sondern einen anhaltenden latenten oder manifesten Dissens über die normativen Grundlagen der gesellschaftlichen Gestaltung.

Mit der Arbeit ›Die Zukunft einer Illusion‹ hat Freud den Zenit seiner Gesellschaftskritik und damit auch seiner aufklärerischen Hoffnungen erreicht. In der nur drei Jahre später erschienen Arbeit ›Das Unbehagen in der Kultur‹ triumphiert ein tiefer Pessimismus, was die weitere Kulturentwicklung betrifft. Setzte Freud 1927 noch aufklärungsgläubig auf den Primat des Intellekts und hielt er den Zwiespalt zwischen Kultur und Triebstruktur für lösbar, so verdüstert sich der Horizont merklich. Die Schicksalsfrage der Menschheit machte er nun daran fest, ob und in welchem Ausmaß es der Menscheit in ihrer „Kulturentwicklung gelingen wird, der Störung des Zusammenlebens durch den menschlichen Aggressions- und Selbstvernichtungstrieb Herr zu werden“[86]. Den Kampf zwischen Eros und Tod und nicht zwischen Intellekt und Trieb hat er als den wesentlichen Inhalt des Lebens bezeichnet, der im Lebenskampf der Kulturentwicklung ausgefochten wird.[87]

Versucht man die Verschiedenheit der beiden Texte von 1927 und 1930 zu erklären, so ist es wichtig, sich die Zeitsituation vor allem in Deutschland zu vergegenwärtigen, wo ab 1928 die düstere Front des Faschismus aufzog. Ich denke, daß Freuds Theorie diese politische Weltstimmung aufgenommen hat und seine pessimistischen Anschauungen ein Reflex auf die historische Situation sind.

Festzuhalten bleibt an dieser Stelle, daß Freuds Arbeiten zur

Psychoanalyse seit ihren Anfängen von gesellschaftskritischen Motiven durchzogen werden, denen aber auch konservative Argumente gegenüberstehen. Wie immer man diese beiden Aspekte gewichtet, eines ist nicht möglich, aus Freud einen Apologeten seines Zeitalters zu machen.

2. ZUM BEGRIFF DER GESELLSCHAFT IN DER FREUDSCHEN THEORIE

Die analytische Behandlung des harten, institutionellen Kerns von Gesellschaft, der verfestigten Strukturen mit ihren eigendynamischen Gesetzlichkeiten und Wirkungen, bei Freud heißt es: der „Morphologie" und „Organisiertheit" der Massen, ist ein Testfall der soziologischen Reflexion der psychoanalytischen Theorie, an dem sich deren Grenzen deutlich anzeigen. Wie unter einem Vergrößerungsglas läßt sich hier studieren, wie der Zugang zu der soziologischen Erklärungsebene struktureller, „gesellschaftlicher Tatbestände" verfehlt wird. In der Psychologisierung und sogar Biologisierung der „organisierten" Massen, also der verfestigten Formen der Vergesellschaftung, erweist sich Freuds Position als der Durkheimschen entgegengesetzt; gleichzeitig nähert er sich in den materialen Erörterungen und aporetischen Diskussionen des gesellschaftlichen Faktors den Definitionsmerkmalen der „soziologischen Tatbestände" Durkheims an. Unter „soziologischen Tatbeständen" (faits sociaux) hatte Durkheim „jede mehr oder minder festgelegte Art des Handelns" verstanden, „die die Fähigkeit besitzt, auf den Einzelnen einen äußeren Zwang auszuüben ... die im Bereich einer gegebenen Gesellschaft allgemein auftritt, wobei sie ein von ihren individuellen Äußerungen unabhängiges Eigenleben besitzt"[1]. Für Durkheim ist Gesellschaft eine „Synthese sui generis"[2], das Insgesamt der vom Einzelnen unabhängigen soziologischen Tatbestände, die sich gegen diesen mittels *„äußere[m] Zwang"*[3] durchsetzen. Gesellschaft erschien ihm als ein eigenständiges System; obwohl von allen Einzelnen konstituiert, ist es nicht aus ihnen ableitbar: „... Gesellschaft [ist] nicht bloß eine Summe von Individuen, sondern das durch deren Verbindung gebildete System stellt eine spezifische Realität dar, die einen eigenen Charakter hat."[4]

a) Die Theorie der Masse

Freuds Theorie der Masse umfaßt alle Phänomene, die für die soziologische Analyse fruchtbar sind. Die „Morphologie der Massen“[5] sprengt schon den sozialpsychologischen Begriff der Masse, wie ihn G. Tarde, Le Bon oder S. Sighele zur Beschreibung nichtorganisierter Strukturierungen einführten[6]: „Es gibt sehr flüchtige Massen und höchst dauerhafte; homogene, die aus gleichartigen Individuen bestehen, und nicht homogene; natürliche Massen und künstliche, die zu ihrem Zusammenhalt auch einen äußeren Zwang erfordern; primitive Massen und gegliederte, hoch organisierte.“[7] Zudem ist noch die Unterscheidung möglich von führerlosen Massen und solchen mit Führern.[8] Freud versuchte, die Massenbildung und -bindungen aus „Liebesbeziehungen [indifferent ausgedrückt: Gefühlsbindungen]“[9] abzuleiten. Dies mittels zweier Annahmen: der „Ichidentifizierung und Ichidealersetzung“[10], d. h. der Identifizierung der an ein gemeinsames Über-Ich Gebundenen untereinander und der Setzung eines gemeinsamen Über-Ich-Ideals. Das Über-Ich erweist sich als Angelpunkt sowohl in bezug auf die Dimension der sozialpsychologischen Integration wie auch der persönlichkeitspsychologischen. In der Horizontalen trägt das Über-Ich zur Massenbildung im sozialpsychologischen Sinne bei, in der vertikalen Dimension hat es eine konstitutive Funktion in bezug auf die Entwicklung des psychischen Instanzenzuges.

Freud hatte seine Theorie der Masse an hochorganisierten und künstlichen Massen entwickelt, an der Kirche und am Heer: „Kirche und Heer sind künstliche Massen, das heißt es wird ein gewisser äußerer Zwang aufgewendet, um sie vor der Auflösung zu bewahren und Veränderungen in ihrer Struktur hintanzuhalten.“[11] Es scheint, als ob die gegliederte, hochorganisierte Masse, nach Freuds eigener Auffassung, in ihrem Zusammenhalt nicht allein aus der Ichidealersetzung und Ichidentifizierung zu erklären ist, da dieser eines *„gewissen äußeren Zwanges“* bedarf. Eben dieser Zwang verweist auf den gesellschaftlichen, d. h. überindividuellen Charakter dieser Gebilde, die sich gegen den Einzelnen durchsetzen und ihm als historische Produkte schon vorgelagert sind. Stellt angesichts der Geschichte des Begriffs Masse die Rede von organisierten Massen nicht schon eine Contradictio in adjecto dar, so müßten sie durch jene Mechanismen des Zwanges, vermöge dessen sich diese Gebilde strukturell erhalten, aus dem psychologischen Ansatz herausfallen. Freud hat dieses Moment des Zwanges nicht verfolgt, weil im Kreis des Interesses nur lag, was sich den einmal getroffenen Annahmen fügte. So hat er dann erklärt: „Warum diese Vergesellschaftungen so besonderer Sicherungen bedürfen, liegt unserem Interesse gegenwärtig ganz ferne."[12] „Organisierte" Massen sind der psychologischen Erklärung nicht zugänglich, und dies hat Freud sich nicht eingestehen wollen.

Die Morphologie der Massen bedarf der Kritik. Diese Morphologie umfaßt zu viele Strukturformen, um diese noch mit einer Formel der Erklärung erfassen zu können: Sie umfaßt ebenso flüchtige homogene Gruppenbildungen wie nichthomogene, stabile, gegliederte Gruppen mit hierarchischer Organisation und ausdifferenzierten Rollensystemen; sie umfaßt zwanglose Gruppierungen wie durch Zwang integrierte Sozialsysteme. Und all diese Gruppenbildungen, oder wie Freud sagte: Massenbildungen, sollen sich in ihrer Bildung und Verfestigung glatt erklären lassen können aus der Ichidentifizierung und Ichidealersetzung. Wohl leisten diese Theorien einen Beitrag zur Theorie der sozialen Integration, die immanente strukturelle und funktionale Bestimmtheit der „organisierten" Massen läßt sich mit diesen jedoch nicht fassen.

Definitionskriterien des Begriffes Organisation, wie 'stabil' und 'künstlich', brechen bereits aus dem Bereich der Einzelseele aus wie auch aus dem Bereich der reinen Interaktion. Eben diese Kriterien sollten nach Freud im Begriff der organisierten Massen, wie Kirche und Heer, auch zusammenfallen, ohne daß diese jedoch auf eine eigene Erklärungsebene bezogen werden müßten: „Die Eigenschaften 'stabil' und 'künstlich' scheinen bei den Massen zusammenzufallen oder wenigstens intim zusammenzuhängen."[13] Freud konnte dem Zwang in der Sache nicht entrinnen: Das gesellschaftliche System hat er als organisierte Masse in die psychoanalytische Theorie eingeführt und dennoch nicht davon abgelassen, daß es sich um eine psychologische Konzeption handle; Freud konnte an den stabilen Strukturen nicht vorbeisehen, dennoch hat er wissenschaftstheoretische Konsequenzen daraus nicht gezogen. So fruchtbar Ichidealersetzung und Ichidentifizierung für die Erklärung sozialer Integration sein mögen, so wenig darf auf der anderen Seite die Bedeutung des Zwanges für die Integration gesellschaftlicher Verhaltensinstitutionen unterschätzt werden. Es kann angenommen werden, daß jener

Ichidealersetzung bereits ein Moment des Zwanges innewohnt. Die „organisierten Massen“ bedürfen zu ihrer Erklärung eines eigenen Satzes von Annahmen, eines eigenen organisationsanalytischen Ansatzes. Wie gut die „organisierten“ Massen als Subsysteme aufgefaßt werden können, an denen der Einzelne partizipiert, zeigt folgende Bemerkung Freuds: „Jeder Einzelne ist ein Bestandteil von vielen Massen, durch Identifizierung vielseitig gebunden, und hat sein Ichideal nach den verschiedenen Vorbildern aufgebaut.“[14] Der Einzelne partizipiert an einer Mehrzahl von Massen, und diese sollen doch keine Unabhängigkeit haben vom Seelenleben des Einzelnen.

b) Kelsens Kritik am Konzept der „organisierten Masse“

Hans Kelsen hat in seiner Würdigung der Freudschen „Theorie der Masse“[15] richtig gesehen, daß sich in der Annahme von dauerhaften und organisierten Massen ein *„Sprung aus der Psychologie heraus* manifestiert“[16], denn diese laufen faktisch auf die Annahme von sozialen Gebilden hinaus, die „schließlich und endlich sich jeder Soziologie als ihre eigentlichen Objekte aufdrängen“[17]. Kelsen hat damit an einem entscheidenden Punkt der Theorie der Masse eingehakt, nämlich „daß das Charakteristikum der sogenannten stabilen Massen die 'Organisation' sei und daß sie sich in 'Institutionen' verkörpern“[18]. Kelsen hat aber am Konzept der dauerhaften und organisierten Masse nicht etwa dessen Anspruch kritisiert, Psychologie zu sein, sondern überhaupt die Herausarbeitung von gefüge- und gebildeartigen Aspekten an der Masse: eine von ihren Mitgliedern unabhängige Organisation, die sich in Institutionen realisiert. Er hat an der Theorie der Masse festgehalten, jedoch päpstlicher als der Papst: „Allein das Problem der 'Masse' muß sich schon bei einiger Vertiefung als das Problem der sozialen 'Einheit' oder sozialen 'Verbindung' schlechtweg erweisen.“[19] Dabei hatte er sich Freuds Erklärung der Massenbildung und -bindung mittels der libidotheoretischen Annahme angeschlossen: der gefühlsmäßigen Bindung an das Über-Ich eines Führers, der Integration dieses Über-Ichs als eigenem Ichideal, und der Identifizierung der an ein gemeinsames Ichideal Gebundenen untereinander. Eine Masse in diesem Sinne sollte dann auch als soziale Gruppe verstanden werden können. In der „Einstellung auf die sogenannten stabilen, organisierten Massen“[20] hat Kelsen eine Hypostasierung des sozialen Geschehens gesehen, das ihm zufolge dann nichts sein würde als eine dauernde dynamische Wiederholung derselben Prozesse von Ichidealersetzung und Ichidentifizierung. Er hat die Annahme der faktisch als soziale Gebilde sich erweisenden organisierten Massen als Weg bezeichnet, der in die „ins mythologische ragende Hypostasierung der sogenannten *organischen Gesellschaftstheorie* führte“[21]. Die Kritik der organisierten Massen von seiten Kelsens ist im Rahmen einer umfassenden Kritik an den Sozialgebilden insgesamt zu verstehen, die an anderer Stelle dieser Arbeit noch gewürdigt wird.[22]

c) Freuds Replik

Kelsen, der Freuds Verbindung von Libidotheorie und Theorie der sozialen Integration aufs höchste lobte, hat bei der Kritik der Annahme organisierter, dauerhafter Massen Freuds Namen *nicht* genannt. Trotzdem war es eine offene Kritik an Freuds Analyse der organisierten Massen. Freud mußte sich von der Kritik Kelsens betroffen fühlen. Er hat denn auch geantwortet und seine Kritik in einer Fußnote späteren Ausgaben der ›Massenpsychologie und Ich-Analyse‹ – die erstmals 1921 erschienen ist, Kelsens Aufsatz ein Jahr später, 1922, in der Zeitschrift ›Imago‹ – beigefügt: „Ich kann im Gegensatz zu einer sonst verständnisvollen und scharfsinnigen Kritik von Hans *Kelsen* (Imago VIII/2, 1922) nicht zugeben, daß eine solche Ausstattung der ‘Massenseele’ mit Organisation eine Hypostasierung derselben, das heißt die Zuerkennung einer Unabhängigkeit von den seelischen Vorgängen im Individuum bedeute.“[23]

Freud hat die Hypostasierung, d.h. Annahme eines von den Einzelnen unabhängigen, überindividuellen Gefüges in den „organisierten Massen“ faktisch vollzogen; diese wird vom Gegenstand selbst erzwungen. Damit hat er den sozialpsychologischen, dynamischen Begriff der Masse gesprengt und unter jenen verfestigten, beständigen Massen die sozialen Gebilde in die psychoanalytische Theorie eingeschmuggelt. Diesen Bruch hat Kelsen aufgespürt: daß die Organisation der Massen den wissenschaftsaxiomatischen Rahmen der Psychoanalyse sprengen muß. Diese Organisation realisiert sich im seelischen Bereich, indem sie in diesem reproduziert wird; sie ist aber dem Seelischen nicht von Anfang an immanent und *genetisch* auch nicht aus reinen Seelenvorgängen ableitbar. Die Unabhängigkeit von den seelischen Vorgängen verweist auf die Strukturebene der sozialen Organisation: auf ein vergegenständlichtes und somit auch schon verselbständigtes System von Verhaltensregulationen, ohne das weder ein Produktionssystem noch ein Erziehungssystem denkbar wäre.

Freud hat in seiner Replik an Kelsen bekräftigt, daß künstliche, organisierte Massen keineswegs unabhängig von seelischen Vorgängen zu verstehen sind, daß sich also die Organisation, die sich in Massen bildet (z. B. in den von Freud exemplarisch behandelten künstlichen Massen Kirche und Heer) und durch Anwendung von 'äußerem Zwang' auf ihre Mitglieder sich fortsetzt, bruchlos auf seelische Vorgänge reduzieren läßt. Dies ist ein objektiver Widerspruch, in den die psychoanalytische Theorie geraten mußte, die eine eigene Erklärungsebene stabiler Strukturgebilde, die Soziologie, nicht neben sich duldete, und doch dem Zwang von deren Eigenständigkeit, der Organisation der Massen, nicht entrinnen konnte. Im Seelischen realisiert sich, was nicht mit diesem identisch ist: die Gesellschaft als überindividuelles Ordnungsgebilde. Weder hatte Freud recht, daß die Organisation nicht ein gegenüber den Einzelnen verselbständigtes System ist, noch Kelsen, der darin eine methodisch unzulässige Hypostasierung sah, die nicht vom Gegenstand selbst erzwungen wird.

3. DAS VERHÄLTNIS VON GESELLSCHAFTLICHEN ELEMENTEN UND PSYCHOANALYTISCHEN TATBESTÄNDEN IN DER PSYCHOANALYTISCHEN THEORIE – NACH FREUD

a) *"Psychoanalyzing Society"*

Das Verhältnis von Soziologie und Psychoanalyse verweist stets auf die dahinterstehende Bestimmung des Verhältnisses von Gesellschaft und Einzelnem.[1] Die Psychoanalyse Freuds hatte zwar den Gegensatz von „Individual- und Sozial- oder Massenpsychologie“[2] als untriftig zurückgewiesen, weil „im Seelenleben des Einzelnen ... ganz regelmäßig der Andere als Vorbild, als Objekt, als Helfer und als Gegner in Betracht“[3] kommt. Sie hat aber die Verselbständigung und schließlich die Eigenständigkeit eines Systems von Verhaltensregulationen, an dem sich dieser 'Einzelne' und sein 'Anderer' orientieren und durch das sie selbst bestimmt werden, in ihrer Theorie verleugnet. Sie konnte jedoch in den einzelnen konkreten Analysen – wie in jener, in der der gesellschaftliche Anteil in der Neurose explizit bestimmt wurde – aber nicht umhin, jenes überindividuelle System von Verhaltensregulationen, das nicht unmittelbar aus dem Seelenleben der Einzelnen abzuleiten ist, vorauszusetzen. Deutlich wurde dies an Freuds Behandlung der „organisierten“ Massen. Er hat zwar von Organisationen gesprochen, die sich in Massen bilden, aber er hat sich geweigert, deren Eigenständigkeit und Unabhängigkeit gegenüber den je konkreten Mitgliedern anzunehmen. Statt dessen hat er einen biologischen Aspekt aufgebracht, um die Organisation zu erklären. Er hat eine „gehaltreiche Bemerkung“ von W. Trotter[4] gelobt, der zufolge „in der Neigung zur Massenbildung eine biologische Fortführung der Vielzelligkeit aller höheren Organismen“[5] zu erblicken ist. Zur Bildung von organisierten Massen wird also eine organologische Parallele gezogen.

Franz Alexander hat für Versuche dieser Art, gesellschaftliche Tatbestände mittels psychoanalytischer Annahmen erklären zu wollen, den Begriff "psychoanalyzing society"[6] geprägt. Die Gesellschaft, von Alexander selbst als „höhere Form der Organisation“[7] bestimmt, wird dabei auf psychologische Annahmen wie die einer „Gruppenseele“, „Massenseele“ oder des „Kollektivbewußtseins“ reduziert.[8] Diese psychologischen Reduktionsversuche hat Alexander als „methodischen Irrtum“[9] bezeichnet. Die methodische Insuffizienz jener Verfahrensweise hat sich an der Erklärung der mittelständischen Aggressivität als Paranoia erwiesen. Das psychologische Verfahren bricht mit dieser deskriptiven Klassifikation an einem entscheidenden Bestimmungsgrund dieser Haltung ab: nämlich der Bedrohung durch die ökonomische Konzentration, die in der Produktion wie im Handel den alten Mittelstand in seiner sozialen Existenz gefährdete und sich in die so bezeichnete psychische Disposition umsetzte.[10] Ähnliche Zusammenhänge werden sich, allgemein, gerade in den zentralen Kategorien der psychoanalytischen Theorie aufweisen lassen.

In Freuds theoretischer Perspektive sollten sich soziale Phänomene auf psychoanalytische Tatbestände zurückführen lassen. Er hat behauptet, daß die „Soziologie, die vom Verhalten der Menschen in der Gesellschaft handelt, ... nichts anderes sein [kann] als angewandte Psychologie“[11]. Dahinter steht die Auffassung, daß das Verhalten der Menschen rein aus den darin waltenden psychischen Mechanismen – die selbst wieder auf einer psychologischen resp. sozialpsychologischen Erklärungsebene bestimmt werden – zu erklären ist. Die „Gesellschaft“, in der sich die Menschen verhalten, hat Freud als „Massenseelen“[12] beschrieben, so etwa den Stand und die Staatlichkeit, und ist ob der festen Begriffskriterien, die er zu ihrer Beschreibung bedurfte, immer mehr in Widerspruch geraten zu der rein psychologischen Konzeption. Die psychoanalytische Theorie, die die gesellschaftlichen und ökonomischen Konstituenzien des Sozialverhaltens aus ihren psychologischen Annahmen ableiten wollte und die Eigenständigkeit der sozialen Tatsachen, wie Kelsen es explizierte,[13] als methodische Hypostasierung von reinen Interaktionsprozessen ablehnte, hat damit versucht “to psychoanalyze society”[14].

b) „Soziologisierung der Psychoanalyse“[15]

Adorno hat unter dieser Bezeichnung all die Tendenzen zusammengefaßt, die seit Ende der dreißiger Jahre einsetzten und „auf Kosten der verborgenen Mechanismen des Unbewußten jenen Motivationen sozialer und kultureller Art, die dem Bewußtsein ohne Umstände zugänglich sind, eine maßgeblichere Rolle"[16] zubilligten. Damit hat er aber das Unternehmen sachlich, eng damit verbunden auch zeitlich, unvertretbar eingeschränkt.[17] Soziologisierung der Psychoanalyse ist nicht mit der von Adorno kritisierten Umwandlung der Psychoanalyse in Ich-Psychologie identisch, die Horney vollzogen hatte.[18] Statt dessen müssen darunter alle Versuche verstanden werden, die psychoanalytischen Tatbestände aus der Wechselwirkung von gesellschaftlichen und biologischen Faktoren zu erklären. Versuche dieser Art sind nahezu so alt wie die psychoanalytische *Theorie;* sie sind keinesfalls identisch mit der von Adorno beschriebenen ich-psychologischen Orientierung. Die psychoanalytische Theorie Freuds kann unter diesem Blickwinkel interpretiert werden. Die Arbeit von Kolnai, die 1920 erschienen war, dann die von Fromm und Reich aus den dreißiger Jahren sind insgesamt unter diesem Titel zu begreifen. Sie definieren die Bedeutung soziologischer Variablen für die psychoanalytischen Tatbestände.

So hat die gesellschaftlich orientierte Psychoanalyse, zumindest die von Reich und dem frühen Fromm, weder den explosiven Gehalt der Freudschen Psychoanalyse begrifflich und in der kritischen Substanz entschärft noch bewußte Orientierungen gegen unbewußte Dispositionen ausgespielt: Sie hat vielmehr in der „psychoanalytischen Soziologie" Kolnais die gesellschaftliche Genesis dessen aufgewiesen, was im spezifisch psychoanalytischen Sinne als unbewußt zu verstehen ist[19]; sie hat mit Fromm erklärt, daß „die Psychoanalyse ... den Menschen als vergesellschafteten, seinen seelischen Apparat als wesentlich durch die Beziehungen des Einzelnen zur Gesellschaft entwickelt und bestimmt versteht ..."[20]; Marcuse hat die Psychoanalyse und die Tatbestände, die sie mittels ihrer Methode aufdeckte, in engem Zusammenhang mit dem Gesellschaftsprozeß gesehen und auf dieser Grundlage, 1963, vom „Veralten der Psychoanalyse" gesprochen,[21] weil „nämlich das 'Individuum' als die Verkörperung von Es, Ich und Über-Ich in der gesellschaftlichen Wirklichkeit veraltet ist"[22]. Im Zusammenhang mit der „repressiven Entsublimierung"[23] erscheint der ganze psychische Apparat der gesellschaftlichen Manipulation unterworfen. Der gesellschaftlich kontrollierte Abbau des Es bricht aber somit dessen biologisch invarianten Charakter, der streng nach der Freudschen Psychoanalyse schon nicht zu halten war, da Freud programmatisch forderte: „Wo Es war, soll Ich werden."[24]

Kaum minder radikal ist Adorno verfahren, der erklärte, „daß nicht nur das Individuum, sondern schon die Kategorie der Individualität ein Produkt der Gesellschaft ist"[25]. Überhaupt sei es verfehlt von „gesellschaftlichen Einflüssen" zu reden, dies sei nichts als „bloße Wiederholung der ideologischen Vorstellung der individualistischen Gesellschaft von sich selber"[26]. Methodisch hätte die analytische Sozialpsychologie nicht so zu verfahren, daß sie Gesellschaft und Individuum trennt, vorweg als unabhängige Größen betrachtet und deren Einflüsse aufeinander auf ein Modell einträgt, sondern sie „hätte ... in den innersten Mechanismen des Einzelnen bestimmende gesellschaftliche Kräfte aufzudecken"[27].

Gemeinsam ist jenen Bestrebungen, die gesellschaftliche Bedingtheit der psychoanalytischen Tatbestände und damit die Fragwürdigkeit der Annahme anthropologischer, *inhaltlich* bestimmter Invarianten im psychoanalytischen Sinne aufzuweisen. Der Primat des gesellschaftlichen Systems wird aufs äußerste betont und die Konsequenzen im Hinblick auf den, aus Über-Ich, Ich und Es konstituierten, psychischen Apparat formuliert. Insistiert wird auf gesellschaftliche, d.h. „objektive, dem Immanenzzusammenhang des Seelischen entzogene Momente"[28], welche die Entwicklung des psychischen Apparates wesentlich bestimmen.

Auf der theoretischen Grundeinsicht, daß die psychoanalytischen Tatbestände bereits gesellschaftliches Produkt sind, läßt sich die Wechselwirkung von Gesellschaft und Charakterstrukturen im psychoanalytischen Sinne formulieren. Die Annahme einer reinen Wechselwirkung von Gesellschaft und psychischen Apparat läßt sich nicht halten, weil das Individuum, sobald es zu einer Rückwirkung auf das gesellschaftliche System fähig ist, bereits in seiner biologischen und psychischen Struktur das Produkt der ihm zeitlich vorgeordneten und kräftemäßig übergeordneten Gesellschaft ist. So hat beispielsweise Ernst Michel die Eigenständigkeit beider Bereiche, des menschlichen Seelenlebens und der geschichtlichen Sozialgebilde, in der Weise betont, daß sie „nicht aufeinander reduzierbar" und „von eigener Art und Struktur" sind: „Sie sind aber wesensmäßig aufeinander hingeordnet und stehen in polarer Wechselwirkung zueinander".[29] Auf der anderen Seite hat er aber die 'wesensmäßige' Wechselwirkung einschränken müssen, denn der Einzelne „erzeugt diese [die gesellschaftlichen Ordnungsgebilde – B. W. R.] nicht aus seiner individuellen Existenz, auch nicht aus dem Kollektivseelischen, sondern er wird von diesen Kräften und Mächten, Ordnungen und Gefügen ergriffen, bewirkt und geformt, und erst von da aus wirken sie auch aus ihm mit verstärkender, überzeugender, gestaltender Kraft“[30].

Eben an dieser präindividuellen Existenz der gesellschaftlichen Strukturen hat die polare Wechselwirkung ihre Grenze. Es ist sogar möglich, psychische Strukturen – sowohl in bezug auf den Inhalt wie auf die Form selbst – aus gesellschaftlichen abzuleiten. An dieser Tatsache endet der methodische Parallelismus, den Michel selbst gravierend einschränken mußte.

Fromm hat in seinen früheren Arbeiten dieser Wechselwirkung von gesellschaftlichen und psychischen Strukturen unter der Dominanz der gesellschaftlichen Realitätstruktur Rechnung getragen im Begriff des „Sozialcharakters“[31]. Dieser entwickelt sich im Sinne der Anpassung an die gesellschaftliche Struktur, wie er dann selbst zu Bedingung für deren Funktionieren wird. Am Beispiel des Analcharakters, der durch das Eigenschafts-Dreieck Ordnungsliebe, Sparsamkeit und Ausdauer gekennzeichnet ist[32], hat Fromm gezeigt, daß dieser sowohl als Produkt der psychischen Anpassung an die kapitalistische Wirtschaftsstruktur zu verstehen ist, wie er „selbst zu einer die kapitalistische Wirtschaft vorwärtstreibenden Produktivkraft wird“[33]. Selbst in jenen Konzeptionen, welche die konstitutive Funktion gesellschaftlicher Tatbestände für die Bildung von psychoanalytischen betonen, läßt sich von biologischen Momenten, im Sinne einer „allgemeingültige[n] biologisch vorgebildete[n] Grundlage“[34], nicht absehen. Die psychoanalytischen Tatbestände – darunter sollen, im engeren Sinne, die von Freud als „Grundpfeiler der psychoanalytischen Theorie“[35] bestimmten Phänomene verstanden werden – lassen sich nämlich, wie es sich erweisen wird, weder rein biologisch noch rein soziologisch begründen, sondern aus der spezifischen Vermittlung beider Dimensionen. Daher ist nach Art und Bedeutung biologischer Momente in den psychoanalytischen Tatbeständen zu fragen.

Erikson glaubte nicht, „daß ohne ihre grundlegenden biologischen Formulierungen die Psychoanalyse ein brauchbares Arbeitssystem bleiben könnte, so sehr diese Formulierungen auch der Überprüfung bedürfen“[36]. Gerade die ‘Grundpfeiler’ mußten in ihrem Anspruch, biologische Tatbestände zu sein, überprüft und einer soziologischen und kulturanthropologischen Kritik unterworfen werden. Die konstitutive Funktion gesellschaftlicher Faktoren bedeutet nicht, daß biologische Momente ganz abgezogen werden können. So hat beispielsweise Horney kritisiert, daß Freud zur Erklärung der Neurosen biologische, in der 'Natur' des Menschen liegende Faktoren beizog[37]: Sie hat aber, im gleichen Zusammenhang, vom „angeborenen Selbstvertrauen"[38] gesprochen, damit aber selbst auf in der Natur des Menschen liegende Faktoren zurückgegriffen. Dieses 'angeborene Selbstvertrauen' – Erikson hat ähnlich vom „Urvertrauen"[39] gesprochen, ohne aber grundsätzlich die libidotheoretische Orientierung, im Gegensatz zu Horney, aufzugeben[40] – ist aber, angesichts der Rankschen Theorie vom „Geburtstrauma"[41], keineswegs so selbstverständlich, wie Horney meint.

Als biologisch konstanten wie gleichwohl überformbaren Kern hat Alexander, der frühen Fassung der Triebtheorie Freuds folgend, die Sexual- und Selbsterhaltungstriebe angenommen. In dieser Hinsicht erweist sich nämlich, daß der Mensch „keineswegs ein unbegrenzt nachgiebiges Objekt"[42] ist, denn gerade „Neurosen und Psychosen [können] als Protest gegen den Prozeß der sozialen Anpassung gesehen werden"[43]. So hat auch Alexander an einem universellen Schema der biologischen Disposition von bestimmten Bedürfnissen, die aus der triebtheoretischen Annahme resultieren, festgehalten.[44] Kultur ist, unter diesem Aspekt, ein System der organisierten Befriedigung dieser biologischen Bedürfnisse.[45]

Gerade im Schnittpunkt der Anpassungsmöglichkeit jenes biologischen Kernes – Marcuse hat ähnlich von einem „'unauflöslichen Kern', der sich der Integration widersetzt"[46] gesprochen – und den sozialen Anpassungsforderungen – Freud sprach von „Kulturanforderungen"[47] – *entstehen* und *befinden* sich die psychoanalytischen Tatbestände im bezeichneten Sinne. Dies bedeutet, daß es gesellschaftliche Komponenten sind, die den biologischen oder anthropologischen Kern zum Problem in den psychoanalytischen Tatbeständen machten.

c) Kelsens Psychologisierung gesellschaftlicher Elemente

In einem Aufsatz[48] in der Zeitschrift ›Imago‹ hat Kelsen grundsätzliche methodologische Überlegungen zum Verhältnis von Soziologie und Psychologie entfaltet, die das Dilemma kennzeichnen, in das die Psychoanalyse in der Verarbeitung der gesellschaftlichen Gebilde geraten ist.

Kelsen hatte richtig gesehen, daß die Annahme der sozialen Gebilde eine dem Seelischen metapsychologische Tatsache darstellt. Mit der Schärfe, mit der Kelsen hier beobachtet hat, hat er diesen Prozeß der Verselbständigung der sozialen Gebilde aus den Prozessen der Wechselwirkung verworfen: „Da ist vor allem die bei jedem Soziologen wiederkehrende Behauptung, daß die sozialen 'Gebilde', die sich aus den Wechselwirkungen zwischen psychischen Elementen 'verfestigen', 'kristallisieren', 'zusammenballen', einen 'überindividuellen' Charakter haben. Da Seelisches nur im Individuum, d. h. in den Seelen der Einzelmenschen möglich ist, muß alles Überindividuelle, jenseits der Einzelseele Gelegene, *metapsychologischen* Charakter haben."[49] Der polemische Gestus, mit dem die Bemerkung anhebt, wird dann auch inhaltlich eingeholt in dem Verdikt der mit der „organischen Gesellschaftstheorie"[50] identifizierten Lehre der sozialen Gebilde als mythologische Hypostasierung einer gesellschaftlichen Objektivität jenseits reiner Seelenvorgänge.

Kelsen hatte bestechend scharf den eigenständigen und eigengesetzlichen Charakter der Rechts- und Staatsordnung herausgearbeitet; diese „stellt einen *vom kausalgesetzlichen System der Natur gänzlich verschiedenen, spezifisch eigengesetzlichen Zusammenhang der Elemente dar*"[51]. In bezug auf die Analyse der Gesellschaftsordnung: des *Insgesamts* der sozialen Gebilde und Institutionen fällt Kelsen weit hinter jene Erkenntnis zurück; hier sollen die gesellschaftlichen Tatbestände in reine Sozialpsychologie aufgeweicht werden, denn die „intraindividuellen, *subjektiven* Seelenvorgänge sind das allein Reale, d. h. von jener *psychologischen* Realität, die allein für eine sozial*psychologisch orientierte Soziologie* in Betracht kommen dürfte"[52].

Damit hat auch Kelsen am Kern des Problems vorbeigesehen: daß die gesellschaftlichen Tatbestände im einzelnen wohl subjektive Seelenvorgänge sind, die sich jedoch in der psychologischen Beschreibung nicht erschöpfend darstellen. Denn diese subjektiven Seelenvorgänge, um die es *hier* geht, sind die psychischen Reflexe objektiver gesellschaftlicher Institutionen.

Die Methode der Sozialpsychologie, die die Vermittlung des objektiven gesellschaftlichen Systems im einzelnen aufzuspüren hätte, wird negiert, da „*alle psychologische Untersuchung letztlich nur als individualpsychologische denkbar ist;* denn wenn sie einmal in die Einzelseele hinabsteigt, führt sie kein Weg aus dieser heraus"[53]. Damit ist Kelsen hinter die von Freud ausgesprochene Einsicht, daß die Trennung von „Individual- und Sozial- oder Massenpsychologie"[54] sich nicht halten läßt, zurückgefallen, indem er eine autarke Individualpsychologie postulierte. Dahinter steckt unausgesprochen der philosophische Einfluß Leibnizscher Monadologie, der Lehre von in sich autonomen Monaden, als deren höchste die Zentralmonade: die Persönlichkeit, die sich nach einem immanenten Telos verwirklicht: „Die Monaden haben keine Fenster, durch die etwas hinein- oder heraustreten kann."[55] Alles, was die psychische Immanenz: die reinen, kausalen Seelenvorgänge überschreitet, etwa im Sinne der Verselbständigung von Verhaltensdispositionen zur Norm, oder was in diese als objektiver, systembezogener Bestimmungsgrund hineinragt, ist schon mythologisch: „Wie die reale Subjektivität durch ihre bloße Anhäufung oder Vervielfachung zu einer ebenso realen Objektivität werden kann, muß rätselhaft bleiben. Hier schlägt die Quantität in Qualität um oder mit anderen Worten: Hier ist ein Wunder, glaube nur."[56]

Die selbstsichere Polemik mag nicht darüber hinwegtäuschen, daß Kelsen das Problem der Gesellschaft in der psychologischen Theorie nicht zu lösen vermochte. Die eigenständigen gesellschaftlichen Elemente hat er in der Theorie verdrängt und darum sind sie nach psychoanalytischer Logik erst recht angewachsen.

Der Begriff der sozialen Herrschaft vermag zu erklären, wie „reale Subjektivität" zu einer „ebenso realen Objektivität" werden kann. Aber selbst den Tatbestand der spezifisch sozialen Herrschaft hat Kelsen in Psychologie aufgelöst. So hat er die Verbindung der verobjektivierten Gebilde mit der Herrschaft zurückgewiesen, „zumal Herrschaft psychologisch nichts anderes ist als *Motivation*"[57]. Anstatt spezifisch soziale Momente der Herrschaft herauszuarbeiten, hat er erklärt: „wenn aber jedes menschliche Verhältnis ein Herrschaftsverhältnis ist, dann ist die hier zur Verfügung stehende psychologische Schablone so weit und nichtssagend, daß nicht einmal das den Inhalt des Staates tragende Gerüst seelischer Prozesse damit hinreichend charakterisiert wird."[57a] Damit wird in höchst bedenklicher Weise die qualitative Differenz zwischen rein individualpsychologisch bestimmter und sozialer Herrschaft aufgelöst, weil beide zumindest jene formale Gemeinsamkeit haben, daß sie im psychologischen

Sinne als Motivationen betrachtet werden können. Hier käme es auf die Herausarbeitung der differenzierenden Momente an, aufgrund derer sich die soziale Herrschaft als ein besonderes Herrschaftsverhältnis erweist und nicht mehr nur als allgemeine und nichtssagende Schablone. In diesem Sinne ist sie auch konstitutiv für die Eigenständigkeit sozialer Tatsachen, wie sie auch, nach Marcuse, der Schlüsselbegriff in der Triebtheorie ist.

Kelsen hat die Dialektik von gesellschaftlichen Tatbeständen und subjektiven Dispositionen als im psychischen Bereich selbst stattfindend, diesen damit in Inhalt und Umfang bestimmend, nicht erkannt. Damit hat sich sein Ansatz zu Tode gelaufen an der Alternative Gesellschaft oder Psyche, denn: „ist Gesellschaft ein Psychisches, dann vollzieht sich die als Gesellschaft erkannte Verbindung zur Gänze in dem Einzelindividuum".[58] Die Alternative von Gesellschaft oder Psyche ist in diesem Zusammenhang und in dieser Weise falsch bestimmt. Sozialpsychologisch *erscheint* Gesellschaft wohl als Psychisches: darin als dynamische Einheit aus dem, was dieser im psychischen Bereich an selbst bereits vermittelten, überformten Bedürfnissen zugrunde liegt, und jener von Franz Alexander so bezeichneten „höheren Form der Organisation". Obwohl diese nunmehr selbst im psychischen Bereich als Psychisches *erscheint,* so läßt sich die als Organisation begriffene Gesellschaft nicht als ein rein Psychisches auflösen. Gesellschaftliche Determinanten bestimmen Inhalt und Umfang der Einzelpsyche. Unter diesem Aspekt lassen sich die gesellschaftlichen Elemente als konstitutiv für den entlegensten Bezirk des psychischen Apparates: das Unbewußte interpretieren. Die gesellschaftlichen Tatbestände realisieren sich in der Einzelpsyche, *erscheinen* daher als Psychisches, vollziehen sich aber dennoch nicht zur Gänze im einzelnen Individuum. Gesellschaft und Psyche bestimmen sich wechselseitig und sind 'nur' analytisch zu trennen. Dies aber darf nicht dazu führen, beide Größen beliebig auszutauschen oder *gar* ineinander aufzulösen, wie Kelsen es getan hat. Sozialpsychologisch betrachtet, schlägt sich die Gesellschaft im Sinne eines prä- und überindividuellen Systems ebenso in der Psyche nieder wie in der Gesellschaft die psychischen Dispositionen, die aber – und daran ist prinzipiell festzuhalten – bereits in großem Umfange durch jene vorgeformt sind. Anstatt den einen Bereich gegen den anderen auszuspielen, käme es darauf an, die Vermittlung von gesellschaftlichen Elementen und psychischen Dispositionen aufzuweisen oder, wie Adorno sagt, „in den innersten Mechanismen des Einzelnen bestimmende gesellschaftliche Kräfte aufzudecken".[59]

Kelsen mußte in Durkheim den größten Antipoden der psychoanalytisch bestimmten gesellschaftlichen Tatbestände sehen. Kelsen hatte ja das Konzept der „organisierten" Massen als Hypostase rein dynamischer Phänomene wie Ichidealersetzung und Ichidentifizierung verworfen und die auf diesen psychologischen Mechanismen fußende dynamische Massentheorie als Lösung des Problems der sozialen 'Verbindung' und der sozialen 'Einheit' bezeichnet. Aus diesem Ansatz heraus mußte zwangsläufig die Kritik gegen Durkheims „soziologische Methode" erwachsen: „*Durkheims* 'Methode der Soziologie' ist einfach die Anwendung einer naiv-substantialistischen, also mythologischen Anschauungsweise auf die Beobachtung des unter der Bedingung einer gegenseitigen Einwirkung stehenden Verhaltens der Menschen."[60] Damit wirft Kelsen Durkheim die substantielle Hypostase rein dynamischer Beziehungen und Verhaltensweisen vor. Jedoch ist das aufeinander bezogene und unter Wechselwirkung stehende Verhalten nicht rein unmittelbar, sondern vermittelt durch überindividuelle Verhaltensschemata. Auch taucht in der Kritik das bereits gehörte Verdikt aller *metaindividuellen Elemente* des Verhaltens und Handelns als Mythologie wieder auf.

Durkheim hatte zwar die Vorstellung zurückgewiesen, daß Gesellschaft durch bloße Summation von Individuen zu bestimmen sei, er hat sie definiert als „Synthese sui generis", als ein System, das durch die Verbindung der Individuen gestiftet wird und einen von diesen abgelösten, eigenen Charakter hat. Er hat damit jedoch, auch in seiner Lehre von den „soziologischen Tatbeständen", keineswegs ein „Strukturmodell substantieller oder organischer Art"[61] begründet. Das gesellschaftliche System in der strukturell-funktionalen Analyse, die soziale Phänomene unabhängig von deren Ursache auf ihre soziale Funktion abklopft, ist in seiner Eigenständigkeit funktional: in der Verfolgung eines überindividuellen Zweckes[62] begründet. Die „soziologischen Tatbestände" lassen sich adäquat nur auf einer eigenen Ebene, wie der strukturell-funktionalen, beschreiben und erklären. Auf dieser hat Parsons auch das Problem des Zusammenhangs von Soziologie und Psychoanalyse untersucht und die zentralen Kategorien in einer allgemeinen 'Theorie des Handelns' zu integrieren versucht. Gesellschaftliche Elemente in diesem Sinne lassen sich nicht in reine Wechselwirkung auflösen; sie sind entscheidende

Konstituenzien des psychischen Apparates geworden und ermöglichen unter diesem Aspekt eine systembezogene Interpretation psychologischer Phänomene.

4. DIE SYSTEMBEZOGENE INTERPRETATION PSYCHOANALYTISCHER TATBESTÄNDE IN DER ANTHROPOLOGIE

Freud hat den Ödipus-Konflikt, die Ablehnung der Weiblichkeit im Kastrationskomplex und Penisneid sowie auch die Bestimmung der frühkindlichen psychischen Entwicklung durch die orale, anale und phallische Phase als ubiquitäre biologische Tatsachen verfochten. In bezug auf die Phasengliederung demonstriert dies die folgende, von Abram Kardiner mitgeteilte, Geschichte: In den zwanziger Jahren suchte Géza Roheim, der Psychoanalyse und Anthropologie zu verbinden versuchte[1], im Rahmen anthropologischer Forschungsarbeiten in Zentralaustralien nach analerotischen Tatbeständen und war zu einem negativen Ergebnis gekommen. Von seiner Forschungsreise zurückgekehrt, erzählte Roheim dies Freud, ihn um eine Erklärung bittend. In seiner Antwort zeigte sich Freuds Insistenz auf die Ubiquität der psychoanalytischen Tatbestände: "What is the matter with them? Don't they have any anuses?"[2] Auch die metapsychologische Fassung der Triebtheorie hat Freud auf das schärfste gegen eine systembezogene Deutung, vor allem des Todestriebes, verteidigt.[3] Von zwei Seiten wurde eine Überprüfung gerade dieser problematischen Punkte in Freuds Theorie in Angriff genommen: zum einen von der Anthropologie und zum anderen von der „analytischen Sozialpsychologie" Fromms. Die Anthropologie, vor allem in der Feldforschung Malinowskis, wollte die aus dem historisch wie vom Kulturkreis her begrenzten Erfahrungsbereich gewonnenen psychoanalytischen Ergebnisse durch das Studium anderer Kulturen überprüfen. Der zentrale Ansatzpunkt war dabei die von Freud postulierte Universalität des Ödipus-Konfliktes, in dem Freud die „Anfänge von Religion, Sittlichkeit, Gesellschaft und Kunst zusammentreffen"[4] sah, und zwar nicht nur im Sinne psychischer Motivationsbildung in der Entwicklung des Individuums, sondern jene seien „in der Urzeit der Menschheit miteinander als Reaktionsbildung auf den Ödipuskomplex entstanden"[5]. Die eigene Ebene dieser Phänomene wird damit in der phylogenetischen Dimension psychologisiert;

diese waren nach Freud nichts als Emanationen des menschheitsgeschichtlich alten Schuldgefühls der Tötung des Urvaters.[6]

Malinowski hat aufgrund seiner Beobachtungen melanesischer Gemeinden auf einem Korallen-Archipel in einer Reihe bereits in den zwanziger Jahren veröffentlichter Arbeiten[7] die interkulturelle Gültigkeit der Freudschen Theorie erschüttern können. Bei den Trobriandern fand sich eine mutterrechtliche Sozialorganisation, in der der Ödipus-Konflikt als Form der Fehlanpassung zwar auftreten kann, aber in einer „weniger schädlichen Gestalt"[8] als in der vaterrechtlichen Gesellschaft. Er wird aber vom funktionierenden kulturellen System her bestimmt, nicht immanent biologisch. Der Ödipus-Komplex wird, wo er auftritt, als durch die Familienstruktur bedingt begriffen. Kardiner hat als Verdienst Malinowskis hervorgehoben, nicht nur scheinbar angeborene Dispositionen als Anpassungsprodukte an ein bestimmtes Familiensystem aufgelöst, sondern den wichtigen Zusammenhang von familialer und gesamtgesellschaftlicher Struktur herausgestellt zu haben: "... that the family constellation is influenced by the particular social pattern that prevails in a given society."[9] Das Familiensystem ist ein soziales Subsystem, das je nach seiner Struktur – als deren Bestimmungsgründe nennt Malinowski „unbekannte soziologische und ökonomische Gründe"[10] – den „Familien-Kernkomplex"[11] setzt. In der mutterrechtlichen Gesellschaft resp. dem „matrilinearen"[12] Familiensystem tritt der Ödipus-Konflikt an Bedeutung zurück, in den Vordergrund treten, bei gleichwohl geltendem Inzesttabu, die Bruder-Schwester-Beziehung und ein gegenseitiger Haß von Onkel und Neffen. Die zurücktretende Vaterfigur rückt in die Nähe der Onkelfigur. Daraus hat Malinowski dann die Spaltung des Ödipus-Komplexes abgeleitet und darin seine Entschärfung gesehen.[13] Ebenso findet sich bei den Trobriandern die Latenzperiode, die Freud an die phallische Phase sich anschließen sah, überhaupt *nicht.*[14] Aufgrund dieser strukturellen Bedingtheit der psychoanalytischen Tatbestände aus dem Erziehungs- und Familiensystem heraus ist die „Hypothese von der *unilateralen* Tendenz im biologischen Entwicklungsvorgang nicht länger haltbar"[15]. Die psychoanalytische Theorie muß in der Erklärung ihrer Tatbestände von der grundsätzlichen Dominanz des gesellschaftlichen Systems ausgehen, das die amorphe biologische Grundlage überhaupt erst formt.

Am Phänomen des Inzesttabus, das im folgenden unter dem

Gesichtspunkt Bruder-Schwester-Inzest behandelt wird, sind zwei Aspekte zu unterscheiden: die Frage nach der historischen und gesellschaftlichen Universalität und die Frage nach der Begründung des Inzesttabus, ob diese immanent biologisch oder psychologisch oder soziologisch zu geben ist. Freilich wäre mit dem Inzesttabu als universellem Tatbestand der Schluß naheliegend, daß es sich um ein Phänomen biologischer Ubiquität handle, etwa wie der Sexualtrieb oder Selbsterhaltungstrieb. Indes wäre der Schluß nicht zwingend, es könnte sich auch um universelle soziale Normen handeln. In der Tat hat Kardiner von der altägyptischen Gesellschaft berichtet, daß dort das Inzesttabu nicht existiere,[16] jedoch galt diese Ausnahme in dieser Gesellschaft *nur* für die oberen Schichten, in denen ein "brother-sister marriage customary"[17] herrschte. Dieses Beispiel ist schon ein empirischer Einwand gegen die anthropologische Invarianz des Phänomens.

Das Inzesttabu wird von der neueren Anthropologie, die sich als Kulturanthropologie versteht, keineswegs als "inherited predisposition"[18] verstanden, sondern, etwa von Kardiner, "as a purely adaptive constellation"[19]. Der Begründungszusammenhang ist kein psychologischer, sondern ein soziologischer und konzentriert sich auf die Funktion der inneren und äußeren Stabilisierung: „Es [das Inzesttabu – B. W. R.] stabilisiert die Familie als Lebenskampfgemeinschaft, indem es sexuelle Rivalitäten ausschließt, die mindestens bei gefangenen Tierprimaten einen erheblichen Teil der sozialen Auseinandersetzungen ausmachen; und das *Exogamie*gebot (Gebot aus der Gruppe heraus zu heiraten) verknüpft die verschiedenen Familienverbände und trägt damit zur Integration größerer sozialer Gemeinschaften bei."[20] Eben diese Funktion der exogamen Integration ist für kleinere Stämme von lebensnotwendiger Bedeutung. Ebenfalls gegen den biologischen Charakter spricht, daß das Inzesttabu auf Verwandtschaftszusammenhänge nicht-blutmäßiger Art übertragen wird und ein spezifischer Instinkt, auf dem diese Tabu beruhen soll, sich bei den Tierprimaten nicht finden läßt.[21] Das Inzesttabu ist eine soziale Norm, die sich aus dem gesellschaftlichen Funktionszusammenhang bestimmt, nicht aber ein instinktgebundener Mechanismus. Als „Kulturversagung" im Freudschen Sinne vermag dieses Tabu eine Feindseligkeit einzustiften, die dessen Funktion, Rivalität und Aggression herabzusetzen, auch wieder teilweise aufheben kann. Als ein von außen gesetztes Verbot leistet es einen nicht unbedeutenden Beitrag zum Umfang und Inhalt des Unbewußten als dem Verdrängten.

Setzt sich der Gedanke des Primats des gesellschaftlichen Systems in dem Maße in der Anthropologie durch, als sie sich selbst als Kulturanthropologie versteht, dann wird es auch fragwürdig, von einer psychoanalytischen Anthropologie zu sprechen. Die Tiefenpsychologie wird nicht, wie Mitscherlich meinte, „in dem Maße, in dem Sozialverhalten und Gesellschaftsverhältnisse als dynamisches Gleichgewicht – oder Ungleichgewicht – in ihr verstanden werden, zur Kulturanthropologie“[22], sondern dadurch, daß das Sozialverhalten vorab aus dem eigenständigen Sozialsystem verstanden wird. Psychoanalytische Anthropologie als Kulturanthropologie muß dann freilich von ihrem Anspruch und Programm ablassen, „*Einheitlichkeit* der Welterklärung“ bieten zu können. Kulturanthropologie in diesem Sinne ist die methodologische Konsequenz aus der Systembedingtheit der zentralen Kategorien der psychoanalytischen Theorie; sie beruht auf der Einsicht, daß die scheinbar inhaltlichen anthropologischen Invarianten Kulturvarianten sind, die aus dem gesellschaftlichen System, dessen technischer, ökonomischer und sozialer Organisation resultieren, nicht aber aus immanent biologischen Grundzügen. Sicher können sozial bedingte Verhaltensweisen derart verinnerlicht werden, daß sie in ihrer Starrheit an anthropologische Invarianten denken lassen, jedoch würde dies nicht rechtfertigen, diese anthropologisch zu übersteigern und als allgemeine Gesetzmäßigkeiten der menschlichen „Natur“ zu deuten.

Peter Heintz hat sich in seinem Aufsatz über ›Interkulturellen Vergleich‹ im ›Handbuch der empirischen Sozialforschung‹ C. Kluckhohn, G. P. Murdock angeschlossen, daß es außer Zweifel steht, daß es „hinter einer solchen kulturellen Realität tatsächlich biologische, psychische und soziale Universalien gibt“[23]. Diese Universalien sind zumeist so formal, daß sie zwar der systematisierenden Intention Genüge tun, aber schon zur reinen Deskription nicht ausreichen. In dieser Weise läßt sich vom Sexualtrieb *nur allgemein* als universellem Tatbestand reden: als konkret bestimmter verändert er sich je nach herrschenden Normierungen, die das Sexualverhalten selbst durchstrukturieren und schon in einer Gesellschaft zu großen schichtspezifischen Unterschieden führen.[24] Von den vergleichenden anthropologischen Arbeiten, die in den zwanziger Jahren einsetzten, und die

die psychoanalytische Theorie hätten verändern müssen, hat Freud entweder überhaupt keine Notiz genommen oder diese pauschal verworfen.[25] Mit Recht hat daher Haseloff von Freuds Ergebnissen gesagt, er habe sie „anthropologisch fehlbezogen“[26].

Kardiner, dessen Ansatz Friedländer als „Sozialpsychoanalyse“[27] bezeichnete, hat die Gesellschaft denn auch als Organisation begriffen, von deren Funktionieren das Überleben der Menschen abhängt.[28] In der jeweiligen Gesellschaft entwickelt sich ein grundlegendes Muster der Persönlichkeit: die “basic personality”[29]. Grundzüge der “basic personality” werden von den Erfordernissen der technischen, ökonomischen und sozialen Organisation geprägt. Die menschliche „Natur“ selbst ist aus diesen Voraussetzungen heraus zu verstehen. So besagen beispielsweise Polygamie oder Monogamie oder gar Polyandrie nichts über eine etwa diesen zugrundeliegende „Natur“, sondern über die funktionalen Erfordernisse – dafür hat dann die strukturell-funktionale Theorie den Ausdruck “functional prerequisites of society”[30] geprägt – der sozialen Struktur. Kardiner hat gezeigt, wie bei einem Stamm Hungersnöte zum Verzehr der weiblichen Kinder führten und sich, als strukturelle Antwort sozusagen, die Vielmännerei (Polyandrie) bildete. Es fehlte in dem matriarchalischen Familiensystem die zentrale Vaterfigur, es gab keine als zärtlich definierte Mutterrolle, und die sexuelle Aktivität bei den Kindern war nicht verboten.[31]

Die interkulturelle anthropologische Überprüfung hat den Anspruch auf universelle Gültigkeit, den die psychoanalytische Theorie Freuds mit ihren immanent biologisch bestimmten Tatbeständen, wie dem Ödipus-Komplex, dem Penisneid, dem Kastrationskomplex, erhob, nicht bestätigen können. Sie führte in der Kulturanthropologie zur systembezogenen, funktionalen Deutung dieser Phänomene. Malinowskis Ableitung des Ödipus-Komplexes führte zur allgemeineren Konzeption des „Familien-Kernkomplexes“, der den biologischen Charakter jener Annahmen brach, indem er den Familien-Kernkomplex bestimmte als „ein funktionales Gebilde, das von der Struktur und der Kultur einer Gesellschaft abhängt“[32]. Eine Reihe von Anthropologen, wie Kroeber, C. Kluckhohn, Murdock und La Barre, hatten die strukturelle Ableitung als solche zwar akzeptiert,[33] aber, um die Universalität des Ödipus-Komplexes gewahrt zu sehen, “the universality of the nuclear family on world ethnographic ... grounds” postuliert.[34] Die strukturelle Ableitung des Ödipus-

Komplexes hatten sie mit der Annahme der Universalität dieser strukturellen Bedingung: der Kernfamilie beantwortet. Dieser aber widerspricht schon die ethnologische Tatsache der „polygynen Familie“[35], die nach P. Heintz „eine ungeheure Variationsbreite aufweist“[36]. Demnach dürfte die polygyne Familie “on world ethnographic grounds” keinen allzu seltenen Fall darstellen. Selbst das Inzesttabu konnte, trotz seiner weiten Verbreitung, nicht biologisch, sondern im Hinblick auf die soziale Funktion begründet werden, die es zu erfüllen hat.

Aus anthropologischen *Invarianten* werden kulturanthropologische Variablen, funktional zu beziehen auf das kulturelle System, das sie definiert. Damit sind es kulturelle und das heißt auch gesellschaftliche „*Eigenstrukturen*“[37], welche die *psychoanalytische Anthropologie zur funktionalen Kulturanthropologie* machen. In ähnlicher Weise wurden in den dreißiger Jahren in Fromms Arbeiten zur „analytischen Sozialpsychologie“ die psychoanalytischen Tatbestände im Zusammenhang mit der sozialökonomischen Struktur interpretiert.

5. PSYCHOANALYTISCHE SOZIOLOGIE BEI AUREL KOLNAI

Bevor Fromms Arbeiten erschienen und fast gleichzeitig Wilhelm Reich die gesellschaftlichen Grundlagen der Charakterbildung diskutierte, war 1920 eine kleine Schrift von Aurel Kolnai über ›Psychoanalyse und Soziologie‹[1] erschienen, die in methodischer Hinsicht beachtenswert ist und auf das frühzeitige Interesse an den soziologischen Aspekten der psychoanalytischen Theorie hinweist. Fromm hat Kolnais Schrift sehr geringschätzig und ohne inhaltliche Kritik abgetan; er nannte sie „ein oberflächliches Schriftchen des einmal als Psychoanalytiker aufgetretenen A. Kolnai“[2]. Kolnai hat zwar summarisch die psychoanalytischen Kategorien als „sozialen Ursprungs“[3] bezeichnet und dies im einzelnen nur an dem Begriff des Unbewußten detailliert aufgewiesen, er hat aber die Nahtstellen von Gesellschaft und seelischem Instanzenzug programmatisch bestimmt, welche die analytische Sozialpsychologie dann in aller Ausführlichkeit aufwies.

Kolnai hatte die Psychologisierung soziologischer Phänomene zurückgewiesen, denn, so stellt er an Durkheim orientiert fest, „davon ... mag einen schon die Tatsache der *sui generis* Natur der Gesellschaft ... abhalten“[4]. Der „Wechselwirkung und gegenseitigen Bedingtheit von Individuum und Gesellschaft“[5] wird methodologisch Rechnung getragen durch die postulierte Unmöglichkeit, individualpsychologische Kategorien außerhalb des gesellschaftlichen Zusammenhanges zu formulieren.[6] Drei Richtungen der psychoanalytischen Behandlung soziologischer Fragen hat Kolnai 1920 bereits systematisiert[7]:

1. Den „sozio-individuellen Parallelismus“[8] *der postulierten Selbständigkeit* von individuellen und kollektiven Vorstellungsinhalten und den Verzicht auf einseitige kausale Ableitung wie auch auf die Annahme der Wechselwirkung zwischen beiden;
2. den Aufbau der Gesellschaft aus individualpsychologischen Elementen;
3. die eigentliche Psychoanalyse, die das Individuum nicht isoliert, sondern im Zusammenhang mit der Gesellschaft und

ihrer Organisation betrachtet. Synonym hat er auch von „psychoanalytischer Soziologie“[9] gesprochen, was darauf hinweist, daß es sich hier um einen Grenzbereich handelt, der sich nicht einfach mechanisch trennen läßt.

Die Sexualität erweist sich als Angelpunkt von Gesellschaft und Individuum. Aus ihr entspringt die Vergesellschaftung[10]: sie ist der „Urknotenpunkt der Einheit und Scheidung von Individuum und Gesellschaft“[11]. Die Kooperation zum Zwecke des Nahrungserwerbs[12] bleibt dabei eine sekundäre Folgeerscheinung. Eine Rangordnung in den Zwecken der Vergesellschaftung anzunehmen erscheint fragwürdig, weil eine Gesellschaft in ihrem Überleben ebensosehr von der ‘Kooperation zum Nahrungserwerb’ abhängt wie von den sozialen Bindungen, welche die Sexualität stiftet.

Die Vaterfigur wird soziologisch bestimmt aus der Funktion der Vermittlung, die sie ausübt: Diese Funktion des Vaters ist „*psychologisch* aus der Idee der Gesellschaft unmöglich abzuleiten“[13]. Der Vater ist der Träger der kollektiven Gehalte, der soziologischen Tatbestände Durkheims, der diesen zwar einen eigenständigen Charakter zugeschrieben hatte, aber kein Substrat, keinen vermittelnden Träger bestimmte, vermittels dessen sie sich realisieren.[14] Hier stellt Kolnai die Verbindung her von „soziologischen Tatbeständen“ und der Vaterfigur: „Der inhaltliche, das Individuum unmittelbar berührende Vertreter der Gesellschaft ist der Vater.“[15] Er vertritt die „Hemmungen und Befehle der Gesellschaft“[16], setzt das Inzestverbot durch und sorgt so für „exogamische Integration“[17]. Wesentlich ist, daß der Vater die Gesellschaft: die „soziologischen Tatbestände“ beim Kind vertritt und durchsetzt. Darum auch läßt sich die Funktion des Vaters nicht psychologisch aus dem Tatbestand der Gesellschaft ableiten, sondern muß von gesellschaftlichen Tatbeständen her soziologisch begründet werden.

Der Vater setzt auch die gesellschaftliche Sexualnorm beim Kinde durch. Bemerkenswert ist, daß Kolnai in diesem Zusammenhang die strukturelle Bedingtheit durch das Insgesamt an Kindheitserlebnissen in *explizitem* Bezug auf Freud hervorhob: So kam Freud selbst „der Auffassung nahe, daß nicht sowohl grobe Einzeltraumen, als vielmehr das ganze System der kindlichen Sexualität die Grundlage der künftigen Konstitution bildet“[18]. Dreißig Jahre später versuchte Karen Horney mit der Annahme der strukturellen Determination durch das Insgesamt an

Kindheitserlebnissen eine Wendung gegen die Psychoanalyse als „genetische[r] Psychologie“[19] zu vollziehen, indem sie erklärte: „... es gibt nicht so etwas wie eine isolierte Wiederholung isolierter Erlebnisse, sondern die Gesamtheit der infantilen Erlebnisse trägt zur Formung einer bestimmten charakterlichen Struktur bei ...“[20]

Kolnai hatte zwar erklärt, daß „Ambivalenz, seelischer Konflikt, Verdrängung, Projektion, Symbolisierung als seelische Formen, veränderte Gestalten der sexuellen Partialtriebe und damit koexistente Ichtriebe als seelische Inhalte ... schon sozialen Ursprungs“[21] sind; er hat jedoch diese pauschale soziale Ableitung nicht in der Analyse im Detail durchgeführt. Ausführlicher hat er die gesellschaftliche Momente in der Kategorie des Unbewußten aufgewiesen. Das Unbewußte läßt sich nicht außerhalb des gesellschaftlichen Zusammenhanges formulieren, denn das Problem des Unbewußten ist, *„daß es nicht vor die Gesellschaft kommen kann“*[22]. Das Unbewußte konstituiert sich durch die Wünsche, die die Gesellschaft zu realisieren verbietet und die verdrängt werden. Dagegen ist „bewußt ..., was wir mitteilen, vor der Gesellschaft aufschließen können, was adäquat in Sprache, also in ein System schon fertiger sozialer Konventionen zu gießen ist“[23]. Dies heißt also für das Unbewußte, daß es nicht aufgehellt werden kann, wenn nicht schon eine sprachlich-begriffliche Dimension zur Verfügung steht, das Unbewußte und seine Problematik, gerade von der Seite des Konfliktbedrängten, zu fassen. Weiterhin läßt sich schließen, daß das Fehlen der Sprache beim kleinen Kind, als Möglichkeit der Kundgabe von Wünschen und Nöten, gerade die Bildung des Unbewußten noch verstärken muß und ein zusätzliches Moment der Auslieferung im Falle der Frustration darstellt.

Sprache hat auch einen wesentlichen Anteil am psychotherapeutischen Prozeß: Beim Therapeuten soll zu *Sprache* gebracht werden, was sonst verdrängt werden muß. Dieser soll dann beim Patienten erreichen, daß dieser selbst die „soziale Notwendigkeit einsehe“[24] und somit zu „kritischer Verurteilung“[25] gelange. Damit übt die Psychoanalyse, in ihrem therapeutischen Aspekt, die *Funktion der sozialen Integration* aus: das asoziale Unbewußte[26], das sich den Interessen der Gesellschaft widersetzt, indem es auf die verbotenen Triebwünsche insistiert und durch das eben dadurch entstandene, übermächtige Schuldgefühl Ausfallerscheinungen aller Art zeitigt, soll im psychotherapeutischen Verfahren durch ein „soziales Äquivalent“[27] ersetzt werden.

Kolnai hat bereits 1920 der Psychoanalyse eine gesellschaftskritische Funktion zugewiesen, indem er feststellte, „daß die Psychoanalyse den Zustand beseitigen [will], daß die Erziehung der Kinder ein Hemmnis darstellt, das der Jüngling mit großen Schwierigkeiten bekämpfen muß, um in die verhältnismäßig freie Gesellschaft einzutreten, und das der weiteren Emanzipierung dieser Gesellschaft im Wege steht“[28]. Freud hatte 1907 die teilweise Änderung der ‘kulturellen Institutionen’ wie die der Erziehung in bezug auf das Sexualverhalten gefordert[29]; knapp dreißig Jahre später hat er jedoch erklärt, und dies bekräftigt den Zwiespalt seiner Theorie: „... es ist nicht Sache des Analytikers zwischen den Parteien [die sich in bezug auf die Formulierung der Erziehungsziele bilden – B. W. R.] zu entscheiden“[30].

6. DIE THEORETISCHE INTEGRATION VON SOZIOLOGIE UND PSYCHOANALYSE BEI TALCOTT PARSONS

Adorno hat als das Verdienst der neofreudschen oder revisionistischen Schulen genannt, daß sie „das methodologische Problem ihrer Beziehung [gemeint ist die der Psychoanalyse – B. W. R.] zur Theorie der Gesellschaft grundsätzlich“[1] neu aufrollten. Doch hat sich auch die soziologisch orientierte Psychoanalyse aus der zwiespältigen Haltung, die auch bei Freud sich schon nachweisen ließ, nicht ganz befreien können: daß sie die Gesellschaft, im Sinne der dominierenden sozialökonomischen Struktur oder des „Sozialgefüges“[2], in den durchgeführten Analysen voraussetzte, aber andererseits erklärte, daß „die“ Gesellschaft nicht existiert, sondern nur Menschen, deren Handeln psychologischen Gesetzen folgt[3], und daß als *unmittelbarer* Gegenstand der Soziologie das Handeln, Denken und Fühlen der Menschen begriffen werden muß. Soziologie aber läßt sich als System- und Strukturanalyse unabhängig vom 'psychologischen Menschen' postulieren. In dieser Hinsicht stellt Parsons' Systembegriff einen Versuch dar, analytische, soziologische und psychologische Variablen zu trennen, die gleichwohl sozialpsychologisch als Einheit erscheinen: "It is essential from the point of view of social science to treat the social system as a distinct and independent entity which must be studied and analyzed on its own level, not as a composite resultant of the actions of the component individuals alone."[4]

Wie Parsons betont, kommt dem sozialen System keine logische oder ontologische Priorität gegenüber dem Einzelnen zu.[5] Doch als empirisches System geht es dem Einzelnen immer schon voraus, realisiert sich durch diesen und kann nicht auf der psychologischen Ebene, etwa als Resultante des Handelns, bestimmt werden. Parsons hat sodann versucht, die Momente der strukturellen Verknüpfung des sozialen Systems, als ein theoretisches Modell, mit dem System der Persönlichkeit herauszuarbeiten. Obwohl die Persönlichkeit durch die im Sozialisierungsprozeß vermittelten Inhalte des sozialen und kulturellen Systems bestimmt ist, konstituiert sie sich dennoch als "independent system through its relations to its organism and through the uniqueness of its own life experience"[6].

Parsons hatte in der psychoanalytischen Theorie – neben den Einflüssen der funktionalistischen Kulturanthropologie Malinowskis, dem Gesellschaftsbegriff Durkheims und Max Webers Methode des Idealtypus[7] – eine der wesentlichsten Komponenten der Bildung des strukturell-funktionalen Systems gesehen. Sie hatte ein dynamisches Modell der Persönlichkeit aufgestellt, in dem scheinbar zufälligen und nebensächlichen Phänomenen eine funktionale Bedeutung zukam, und es diente dann in bezug auf soziale Strukturen und Erscheinungen als „methodologisches Modell für die Theorie eines sozialen Systems ..."[8] Darüber hinaus leistete das psychoanalytische Modell auch inhaltlich einen wesentlichen Beitrag zur Verallgemeinerung des Ansatzes des sozialen Systems in einer „Theorie des Handelns"[9].

Parsons hat zunächst keineswegs versucht, die gesellschaftliche Vermittlung psychoanalytischer Tatbestände aufzuweisen – obwohl die Ergebnisse dies dann faktisch erbrachten –, sondern hat die formale Unabhängigkeit von sozialem und psychischem System betont und den Versuch einer theoretischen Integration von Soziologie und Psychoanalyse unternommen: "to bring the main theoretical trends of these disciplines [psychoanalysis and sociology – B. W. R.] together under a common frame of reference, that which some sociologists have called the 'theory of action'"[10]. Es dreht sich also darum, eine umfassendere Theorie zu finden, die es erlaubt, den Zusammenhang von soziologischen und psychischen Variablen zu formulieren. Eine solche systematische Theorie, welche die nunmehr verallgemeinerten Begriffe logisch integriert, bedarf der realen Angelpunkte zwischen den beiden dominanten Systemen: dem sozialen System und dem der Persönlichkeit als psychologischem Forschungsgegenstand. Parsons war genaugenommen zu vier dominierenden Subsystemen gekommen: dem schwer übersetzbaren "behavioral organism"[11], in dem biologische Faktoren nachzusuchen wären, der Persönlichkeit, dem sozialen und dem kulturellen System. Parsons hatte die Bemühungen um wissenschaftslogische Integration auf die beiden bereits genannten Systeme eingeschränkt: "My main emphasis, however, will be on the relations between personality and social system."[12]

Der Begriff des Über-Ichs ist der Begriff, der es erlaubt, direkte Beziehungen zwischen den beiden Disziplinen aufzuweisen.

Parsons hat an Freud zu Recht kritisiert, daß dieser nicht sah, daß es „ein Problem der gesellschaftlichen Ordnung [gibt], das ... abhängig [ist] von organisierten Motivationssystemen auf einer Ebene außerhalb des biologisch vererbten Mechanismus der instinktgesteuerten Triebe“[13]. Diese Aufgabe, gesellschaftliche Ordnung durch Integration seiner Teile zu schaffen, erfüllt das soziale System, indem es ein System von Rollen definiert: “a system of patterned expectations of the behavior of individuals who occupy particular statuses in the social system”[14]. Institutionale Strukturen sind das Fundament des sozialen Systems.[15]

Das soziale System, das sich in institutionalisierten Rollen konkretisiert, hat in bezug auf das System der Persönlichkeit zwei wichtige psychologische Funktionen, von denen die zweite für das System der Persönlichkeit selbst konstitutiv ist[16]: 1. Es strukturiert die Realsituationen, in denen der Einzelne handelt, indem es Erwartungen definiert und die Konsequenzen, die sich aus verschiedenen Verhaltensformen ergeben; 2. strukturiert das soziale System die Inhalte des Über-Ichs, “the ‘superego content’”[17], durch die die im institutionalisierten Muster der Rollenstruktur enthaltenen ‘moral standards’, die im Sozialisierungsprozeß introjiziert werden, zu einem entscheidenden Teil der Persönlichkeitsstruktur werden. In diesem Zusammenhang wirkt die Familie als “small-scale social system”[18].

Im Sozialisierungsprozeß werden die persönlichen, aber sozial relevanten Motivationen im Kontext mit den Erfordernissen des sozialen Systems eingestiftet, und zwar mittels “mechanism by which the behavior of individuals is motivated to conform with institutional expectations ...”[19]. Diese Motivationen des Kindes organisieren sich durch Objektbeziehungen. Als formale Mechanismen der Sozialisierung, die Parsons von Freud übernimmt, fungieren: Identifikation, Objektwahl und Internalisierung. Im Ödipus-Konflikt und seiner Lösung sieht Parsons “the focus of the articulation between psychoanalytic and sociological theory”[20]. Mit der vom Vater erzwungenen Aufgabe der ausschließlichen Objektbesetzung der Mutter und der damit verbundenen Kontrolle der Triebregungen wird in bezug auf die soziale Integration eine wesentliche Vorbedingung geschaffen, nämlich die Bildung von sozialen Motivationen: “It is not a great step from there [Lösung des Ödipus-Konfliktes und Kontrolle der Motivationen – B. W. R.] to suggest that these controls are the very ones which, from a sociological point of view, establish the minimum conditions of motivational establishment of the prerequisites of social order."[21] In der Kontrolle der Triebregungen, oder wie es bei Parsons neutraler heißt: der Motivationen, werden die psychologischen Bedingungen für das Funktionieren des sozialen Systems, d.h. dessen Integration, geschaffen. Die Bildung des Über-Ichs stellt sich also dar als die Bildung von sozial erwünschten Motivationen.

Parsons hat bemerkt, daß in Freuds Behandlung der Triebe zwei verschiedene Auffassungen sich abzeichneten: eine rein biologische, die in die früheren Arbeiten fallen soll, und eine spätere, die Parsons mit dem Begriff "motivational energy"[22] bezeichnet. Diese soll auch in Freuds späterer Auffassung des Es dominiert haben. Es ließ sich jedoch in einem früheren Abschnitt zeigen, daß gerade der funktionell-dynamische Gesichtspunkt im Hinblick auf die Begründung von Verdrängung, Unbewußtem und Es als einer Einheit in den früheren Arbeiten dominierte.[23] In dieser Konzeption, die Parsons wahrscheinlich meint, spielt das biologische Moment im Sinne seiner Verdrängung angesichts gesellschaftlicher Forderungen eine entscheidende Rolle. Aber auf diesem Begründungsniveau konnte weder der Es- noch der psychoanalytische Triebbegriff rein biologisch gefaßt werden.

Parsons hat versucht, das Es – das zwar nicht als "a simple manifestation of instinct"[24] betrachtet werden konnte, dessen Triebgrundlage aber auch nicht verleugnet werden konnte[25] – im Zusammenhang mit den Objektbeziehungen des Sozialisierungsprozesses zu bestimmen. Diese Objektbeziehungen hatten sich auch als richtungbestimmend für die Form der späteren Sexualbeziehungen erwiesen.[26] Parsons hat das Es aus den Objektbeziehungen im Sinne der „verlorenen Objekte“ bestimmt: "The specificity of structure of the id ... does not lie in instincts in the plural, unless that term be given a different meaning from the usual, but in the internalized object-systems of the preoedipal and oedipal phases of the socialization process. Freud's later formula, that the ego consists in the precipitates left by 'lost objects' is, in this setting, equally truth of the id."[27] Die Bestimmung des Es aus den „verlorenen Objekten“ bedarf aber der zusätzlichen Betonung der libidinösen Strebungen des kleinen Kindes, die die innige Bindung an diese Objekte erklären, die mit dem Einsetzen der sozialen Kontrolle sozusagen verloren werden, weil die ausschließliche Objektbesetzung der Mutter gebrochen wird.

Das soziale System, als 'small-scale system' der Familie, setzt die "functional needs of the social system"[28] in psychische Motivation um. Dabei erwiesen sich als entscheidende Mechanismen die Identifizierung, Objektwahl und Internalisierung sowie der Ödipus-Konflikt und seine Auflösung. Die Integration des sozialen Systems soll dann gegeben sein, wenn die im Sozialisierungsprozeß gebildeten Motivationen mit den funktionalen Erfordernissen der Gesellschaft übereinstimmen: "It may be stated as a fundamental theorem of social science that one measure of the integration of a social system is the coincidence of the patterns which are introjected in the average superego of those occupying the relevant social statuses with the functional needs of the social system which has that particular structure."[29]

Parsons hat das methodologische Problem des Zusammenhanges von Gesellschaftssystem und System der Persönlichkeit in der Weise gelöst, daß das soziale System auf einer eigenen Ebene, außerhalb des psychischen Bereiches, analysiert werden muß.

Er hat jedoch das theoretische Modell der Beziehung beider Systeme so weit formalisiert, daß das spezifisch historische Moment des Konflikts getilgt war, aus dem die psychoanalytische Theorie überhaupt entstanden ist. Auf dieser hohen Allgemeinheitsstufe, auf der die Gesellschaft aus den "functional needs" bestimmt wird und diese als fraglos supponiert werden, hat Parsons nicht vermocht, die psychoanalytischen Konflikte, wie sie im Kranken sich zuspitzen, als soziale Konflikte zu behandeln – wie es Freud, trotz seiner methodologischen Reduktion des Gesellschaftlichen auf Psychisches, vermochte –, sondern er hat sie als Fehlanpassungen und abweichendes Verhalten bestimmt.[30] Dies war nur möglich durch die implizit postulierte Fraglosigkeit dessen, was in einem sozialen System als "functional needs" zu gelten habe. Parsons hat daher die Neurotiker als "deviant personalities"[31] auf derselben Ebene behandelt wie das delinquente Verhalten der Jugendlichen.[32]

Es scheint, als habe die strukturell-funktionale Theorie das Problem des Zusammenhangs von gesellschaftlichen Tatbeständen, im Sinne des sozialen Systems, und dem System der Persönlichkeit, im Sinne des psychischen Apparates, nur um den Preis der Formalisierung der psychoanalytischen Theorie lösen können. Es sperren sich nämlich die unterschiedlichen Voraussetzungen beider Systeme gegen ihre theoretische Integration.

Fromm hat einmal die analytische Methode im Hinblick auf das Lebensschicksal des Einzelnen als „historische“ Methode bezeichnet.[33] Desgleichen ließe sie sich im Hinblick auf die Entwicklung der Gesellschaft als historische Theorie formulieren, und dieses historische Moment spricht ja aus überzeichnenden Bemerkungen Marcuses, der aufgrund der veränderten Gesellschaftsstruktur vom „Veralten der Psychoanalyse“[34] gesprochen hat. Auf der anderen Seite will die strukturell-funktionale Theorie formale Modelle schaffen, die aufgrund ihres hohen Allgemeinheitsgrades das spezifisch Historische an einer Gesellschaft unberücksichtigt lassen, oder, wie Herbert Marcuse die Geschichtslosigkeit in den funktionalen Modellen kritisch formuliert hat: „Die Allgemeinheit ihrer Begriffe wird dadurch erreicht, daß gerade von den Qualitäten abstrahiert wird, die das System zu einem historischen machen und seinen Funktionen und Dysfunktionen eine kritisch-transzendente Bedeutung verleihen.“[35] Es muß daher fragwürdig erscheinen, in einer umfassenden 'Theorie des Handelns' das soziale System und die psychoanalytische Theorie zu integrieren; oder anders: Die psychoanalytische Theorie in der von Freud geschaffenen Form läßt sich nur auf der Ebene des „empirischen Systems“[36] beschreiben. Die psychoanalytische Theorie ist eine historische Theorie. Sie läßt sich daher nicht auf einer soziologischen Ebene in einer umfassenderen Theorie integrieren, in der formal und ohne die historische Bestimmtheit "functional needs of the social system" angesetzt werden. Eine derartige Integration, wie Parsons sie intendierte, muß sich aus den verschiedenen Bezugsebenen beider Theorien ausschließen, oder anders: eine derartige Integration zwingt entweder die strukturell-funktionale Theorie zur gesellschaftshistorischen Konkretisierung oder aber die psychoanalytische Theorie zu einer Formalisierung, durch die sie jedoch, aus dem historischen und gesellschaftlichen Zusammenhang herausgelöst, auf einige Formalkategorien der Sozialisierung zusammenschrumpft. Wie wenig von der „kritischen Gesellschaftstheorie“[37] – die die Psychoanalyse zumindest in einer Hinsicht auch war – übrigblieb, ließ sich an der Parsonsschen Behandlung der psychoanalytischen Konflikte ablesen. Eine umfassende Theorie des Handelns, in der die psychoanalytische Theorie ein entscheidender Bestandteil sein sollte, ließe sich nicht ohne einen Substanzverlust der psychoanalytischen Theorie leisten.

Entscheidend bleibt, daß die strukturell-funktionale Theorie aufweisen konnte, daß soziale Phänomene, die in der psychoanalytischen Theorie eine Rolle spielen, auf einer eigenen Ebene analysiert werden müssen – nämlich auf der des 'sozialen Systems' – und nicht einfach als bloße Resultanten des Handelns bestimmt werden können. Damit ist in methodologischer Hinsicht die Durkheimsche Orientierung des strukturell-funktionalen Modells für die psychoanalytische Theorie fruchtbar geworden. Der Anspruch der psychoanalytischen Theorie auf „*Einheitlichkeit* der Welterklärung“[38] ist damit zurückgewiesen. Auf der anderen Seite sind die psychoanalytischen Tatbestände gesellschaftliche Produkte, aber nicht der "functional needs" schlechthin, sondern derjenigen einer historisch und vom Kulturkreis her begrenzten Gesellschaftsform. Daher läßt sich ein *einheitliches*, allgemeines Modell der Integration beider Wissenschaften nicht leisten.

Adorno hat den Parsonsschen Versuch, Psychoanalyse und Systemtheorie theoretisch zu integrieren, einer scharfen Kritik unterzogen. Parsons hatte die Koinzidenz von 'durchschnittlichem Über-Ich' und den 'funktionalen Bedürfnissen des sozialen Systems' zum Maßstab der Integration des sozialen Systems machen wollen. Trotz des formalen Ansatzes sieht Adorno in diesem Maßstab einen Hinweis auf die bei Parsons „stillschweigend und generell als positiv unterstellte Integration einer Gesellschaft“[39]. Parsons hatte zwar hervorgehoben, daß ein Modell des sozialen Systems „ein theoretisches Konzept, nicht eine empirische Erscheinung“[40] ist, jedoch hatte es in der Anwendung auf empirische Systeme deren Beschreibung in der Art präjudiziert, daß das formal zwar als abweichendes beschreibbare Verhalten des Kranken nicht mehr auf eine gesellschaftliche Konfliktsituation bezogen werden konnte. So hatte Parsons in seinem theoretischen Modell Integration bestimmt als „Beziehungsmodus zwischen den Einheiten eines Systems, vermöge dessen die Einheiten so zusammenwirken, daß der Zerfall des Systems ... verhindert und sein Funktionieren als eine Einheit gefördert wird“[41]. In der Anwendung des theoretischen Modells resp. der Integration des sozialen Systems und des Systems der Persönlichkeit hatte Parsons daher ebenfalls den Akzent auf die Integration gelegt. Adorno hat daher kritisiert, daß das „Ineinanderpassen der Menschen und des Systems ... zur Norm erhoben [wird], ohne daß der Stellung jener beiden 'Maßstäbe' im Ganzen des gesellschaftlichen Prozesses, ohne daß zumal dem Ursprung und Rechtsanspruch des 'durchschnittlichen Über-Ichs' nachgefragt wäre“[42].

Adorno kritisiert nicht die funktionelle Verknüpfung von Variablen, die aus verschiedenen Bezugssystemen stammen: zum einen aus dem geschichtslosen Modell des sozialen Systems, zum anderen aus einer geschichtlichen Theorie wie der psychoanalytischen, sondern daß Parsons nicht nach dem moralischen Anspruch: 'Rechtsanspruch' des 'durchschnittlichen Über-Ichs' oder der 'funktionalen Bedürfnisse' gefragt hatte. In dem formalen Modell von Parsons ließe der „Begriff der Integration, ... einem unvernünftigen Zustand der Gesellschaft Raum ..., wofern er nur Macht genug hätte, die ihm Angehörigen vorweg zu modellieren"[43].

7. DIE FREUD-DEBATTE IM RAHMEN DER THEORIE-DISKUSSIONEN DER NEUEN LINKEN

Es gibt eine durchgängige Präsenz soziologischer Reflexionen und gesellschaftskritischer Motive im Freudschen Werk, die aber im Spätwerk von Skepsis durchzogen sind. Freud erweist sich als radikaler Aufklärer, der die Konfrontation und den Bruch mit den Denktraditionen und Denkverboten seiner Zeit nicht gescheut hat. Seine fundamentale Gesellschaftskritik wurde im Rahmen der sozialwissenschaftlichen Psychoanalyserezeption der Neuen Linken nicht angemessen diskutiert. Die Diskussion heftete sich vorzugsweise an Schwachstellen im theoretischen Systems Freuds.

Als Folge der Kulturrevolution der späten 60er Jahre vollzog sich im Umkreis des Wissenschaftsbetriebes und z.T. auch in diesem selbst eine Rezeption nicht nur der Theorie von Marx, sondern auch der Theorien Freuds. Die Freudsche Linke war, nachdem man in der Theorie von Marx den Schlüssel zur Analyse der gesellschaftlichen Strukturen und ihrer Bewegkräfte gefunden zu haben glaubte, überzeugt, durch eine Reinterpretation der Psychoanalyse im Rahmen des historischen Materialismus auch den „subjektiven Faktor" bestimmen zu können. Die Fülle der in diesem Zusammenhang geführten Debatten lassen sich folgendermaßen zusammenfassen und diskutieren:

1. Im Rahmen dieser Rezeption und Diskussion wurde eine scharfe Kritik an der Psychoanalyse formuliert.
2. Man versuchte, die Psychoanalyse im Rahmen des Historischen Materialismus neu zu begründen, sie gewissermaßen in dessen Leerstellen einzufügen.
3. Eine politisierte Psychoanalyse sollte zum praktischen Instrument im Prozeß der sozialen Emanzipation werden.
4. Im Umkreis dieser mehr politisch motivierter Kritiken entstand eine breit geführte Debatte um den theoretischen, vor allem den wissenschaftstheoretischen Status der Psychoanalyse. Die Theorie Freuds sollte von einer Reihe von Selbstmißverständnissen gereinigt werden.

a) Zur Kritik der Psychoanalyse

Die Kritiken an der Psychoanalyse griffen auf Argumentationsmuster zurück, die im Rahmen der Kritischen Theorie entstanden waren. Freud habe, so lautete der Vorwurf, die gesellschaftlichen Verhältnisse seiner Zeit stillschweigend hingenommen und sogar ausdrücklich akzeptiert. Er habe, so Adorno, die „moralischen Normen ... bedenklos hingenommen“[1], „die monadologische Struktur der Gesellschaft naiv akzeptiert“,[2] sei ein Theoretiker gewesen, „der die Gesellschaft nicht ausdrücklich herausforderte“[3]. Die Anklage Marcuses lautete, daß Freud den auf Triebunterdrückung beruhenden Kulturprozeß „für unvermeidlich und nicht rückgängig zu machen hielt“[4]. Alle diese Argumente lassen sich entkräften.[5]

Auf diesem Hintergrund wurde der Standardvorwurf an die „bürgerliche“ Psychoanalyse formuliert: diese würde die Patienten in die Gesellschaft einpassen, sie zu unpolitischen, willfährigen Wesen machen. Einige Gruppen, wie das Sozialistische Patientenkollektiv Heidelberg (SPK Heidelberg), gingen sogar so weit, die Neurose zu politisieren und zu einem motivationalen Substrat im politischen Kampf zu machen.[6] In der Studie von Schneider heißt es, die Psychoanalyse würde „den vermeintlich ‘Kranken’ an eine vermeintlich ‘gesunde’ Gesellschaft anpassen“[7]. Daraus wurde dann ein anspruchsvolles Programm abgeleitet, die Gesellschaft selbst als Patienten zu begreifen, der durch eine politische Therapie zu kurieren wäre: „Beschränkte sich die klassische Psychoanalyse darauf, den Kranken *in* der Gesellschaft zu behandeln, so ist es Aufgabe einer materialistisch orientierten, emanzipativen Psychoanalyse die *Gesellschaft selber als Krankheit* zu behandeln.“[8] Bereits Freud wie Fromm haben darauf verwiesen, daß möglicherweise die Menschheit unter den Kulturstrebungen neurotisch geworden ist, daß die Gesellschaft als Ganzes krank sei.[9] Beide haben auf psychoanalytische Aufklärung, auf kollektive Lernprozesse gesetzt. Wenn man jedoch politisch mit dem Argument „Patient Gesellschaft“ operiert, gerät man in unlösbare Aporien: Wer kann dann mit welchem Recht den ‘Therapeuten’ spielen, der das Ganze kuriert? Ich habe am Beispiel des Habermasschen Diskursbegriffes, der in seinen frühen Fassungen Anleihen beim Patient-Therapeuten-Verhältnis genommen hat, gezeigt, wie dilemmatisch und letztlich theoretisch und vor allem praktisch nicht haltbar eine auf dem

Analogieweg gewonnene Formulierung praktischer Aufklärungsprozesse ist. Politik und Therapie sind in ihrer Struktur nicht vergleichbar, in ihrer Grundlogik folgen sie einem gänzlich anderen "setting". Während die therapeutische Situation eine asymmetrische Struktur manifestiert, stehen sich die politischen Subjekte, wenn man nicht auf vormoderne Muster zurückgreifen will, prinzipiell symmetrisch gegenüber.

Wie mit einem Paukenschlag eröffnete ein Artikel im Kursbuch ›Das Elend mit der Psyche. II Psychoanalyse‹[10] die Kritik an dem in Gang gekommenen Rezeptionsprozeß der Psychoanalyse. Die Kritik ist insofern typisch, weil hier, ausgehend vom Primat der politischen Ökonomie, die Psychoanalyse im Hinblick auf ihre vermeintlichen Manipulations- und Verschleierungstendenzen einer scharfen Kritik unterzogen wurde. Bei dem Streit ging es um das Tauziehen zwischen der Kritik der politischen Ökonomie einerseits und einer nichtsubjektivistischen Theorie des Subjekts andererseits, die beide auf unterschiedliche Weise das Subjekt aus den Fesseln von Entfremdung und psychischem Elend befreien wollten. Es ging also, schlicht gesagt, um einen Richtungs- und Hegemoniestreit zwischen Marxismus und Psychoanalyse. Die Auseinandersetzung ist heute nur mehr eine wissenschaftshistorische Arabeske, die das intellektuelle Klima in den Theoriedebatten der Neuen Linken anschaulich dokumentiert, die sich schon bald im Streit im die Vorherrschaft des einen (Klassenkampf) oder anderen (psychische Emanzipation) Weges zur Veränderung von Gesellschaft und Subjekt selbst zerfleischte. In den Debatten zeigte sich eine in Allmachtsphantasien gründende Überschätzung der eigenen wie der Gegenposition, so daß die gesellschaftlichen Realitäten gar nicht angemessen wahrgenommen werden konnten und sich im übrigen der analytische Ertrag dieser Diskussion im nachhinein eher bescheiden ausnimmt.

Der theoretische Programmsatz des Beitrags von Erich Wulff: ›Psychoanalyse als Herrschaftswissenschaft?‹[11] lautete: „Bestimmte Richtungen der Psychoanalyse – bzw. hinter ihr stehende sozialphilosophische Kräfte – führen also einen ganz offensichtlich ideologischen Kampf mit der politischen Ökonomie um den vorrangigen Anspruch auf Kritik an den 'bestehenden' gesellschaftlichen Verhältnissen."[12] Und damit war der Kampf gegen einen imaginären Gegner angesagt. Die Psychoanalyse, deren Stellenwert in individuellen Therapieprozessen nicht in Frage gestellt wird, wird nun aber ideologisch zu einer gewaltigen Manipulationstechnik und „wirklichkeitsvertreibenden Ideologie"[13] im Dienst kapitalistischer Herrschaft aufgebläht. In dem Beitrag von Wulff werden alle Clichés der linksorthodoxen Psychoanalysekritik abgefahren, wobei allerdings gesagt werden muß, daß sich beide Seiten, die marxistischen Psychoanalysegegner wie die Verfechter eines emanzipativen „Psychoanalysmus", sich in ein Szenario völliger Überschätzung hineinphantasierten und hineinschrieben. So kritisierte dann der eine häufig die Anmaßungen der Gegenseite und vice versa. Die auf Interaktion, die Rekonstruktion zerstörter Sprachspiele abstellende Psychoanalyse abstrahiere von den Produktionsverhältnissen und stabilisiere autoritäre Herrschaftsbeziehungen. In gigantischen Versionen wird die Psychoanalyse als Dienstleistungsunternehmen für die Industrie, für mittlere und höhere Führungskräfte, ja auch für die „öffentliche Hand" gesehen, die sich auf die Verringerung von Reibungen und die Erzielung größerer Produktivität spezialisiere, wobei schließlich alles, Psychoanalyse, Gruppendynamik, Führungstraining, unterschiedlos in einem Topf angerührt wird. Die Psychologisierung sozialer Probleme, die in der Absehung von den Herrschaftsverhältnissen liege, immunisiere den Klassengegensatz und blockiere das politische Handeln. Mit dogmatischem Gestus wird, wie in jenen Jahren des hemmungslosen realitätsfernen Progammatismus, eine Praxeologie linken Handelns entworfen: „Nur die Einbeziehung jeden konkreten Schrittes der Praxis und der Analyse in den gesellschaftlichen Zusammenhang ... kann gegenüber solchen Versuchen der Aufsplitterung ein politisches Verhalten gegenüber der Wissenschaft als Produktivkraft und als potentielle Ideologie sein."[14] Man wundert sich, daß nach den langen und sichtlich echauffierten Ausführungen zur Psychoanalyse als „Herrschaftsideologie", als „Herrschaftswissenschaft" und nachdem der Dämon in ganzer Größe aufgebaut ist, auf einmal unversehens die Demontage kommt: „Die Psychoanalyse selber als manipulative Waffe der Herrschaft ist – soweit sie auf unbewußte Bedürfnisse zurückgreift – also ziemlich stumpf – ebenso stumpf allerdings, wie sie auch als Waffe der Befreiung ist."[15]

Da fragt man sich: Was soll das Ganze? Wie erklärt sich dieser Widerspruch von Über- und Unterschätzung?

Zwei Momente fallen in dieser wie auch in anderen marxistischen Kritiken der Psychoanalyse auf. Das ist zum einen die Angst, die Psychoanalyse könnte etwas entdecken, was die überlegenen Wahrheiten des Historischen Materialismus einschränkt. Das betrifft insbesondere das etwas platte rationalistische Verständnis des Menschen, der hinreichend zu verstehen sei, wenn man das Ensemble gesellschaftlicher Verhältnisse genau analysiert. Es gibt in den marxistischen Debatten eine Aversion, man könnte fast sagen einen Widerstand, gegen die Wirksamkeit vorgesellschaftlicher anthropologischer Potentiale und ihrer Eigendynamiken, die sich virtuell und faktisch der gesellschaftlichen Formung entziehen oder mit dieser in einen bislang ungeschlichteten Widerstreit treten. Die Psychoanalyse bringt dunkle und gefährliche Botschaften für den sozialen Optimismus des Marxismus. Darum wird sie in den ideologischen Debatten im Westen und im Wirkungsbereich des real existierenden Sozialismus verteufelt. Freud ist der Antipode sowohl der „bürgerlichen" wie der sozialistischen Zweckrationalität.

Es gibt zum anderen einen theoretischen Überlegenheitsanspruch des Historischen Materialismus, der jede angemessene Auseinandersetzung mit anderen Ansätzen, Konzepten, Theorien im Kern verunmöglicht. Diese können dann allenfalls als Hilfskonzept oder Hilfswissenschaft fungieren. Diese Überlegenheit ist trotz der unbestritten großen Leistungen der Marxschen Gesellschaftstheorie weder theoretisch noch praktisch berechtigt. Ob es sich nun um das weitaus komplizierte Verhältnis von Ökonomie, Herrschaft und Politik oder die vielfältigen Verselbständigungen und Entfremdungsphänomene komplexer Großgesellschaften, um Steuerungsprobleme: vor allem das Verhältnis von Markt und Plan, schließlich um die schon irrwitzige chiliastische Proletariatserwartung in einer Gesellschaft, in der dieses tendenziell sozialökonomisch verschwindet, handelt – in allen diesen und vielen anderen Problembereichen erweisen sich die theoretischen Konzepte des Historischen Materialismus als revisionsbedürftig, greifen die Erklärungen zu kurz. Kurz: Auf dem Hintergrund des scholastischen Materialismus lassen sich überhaupt keine Theoriedebatten führen, da werden nur Zensuren ausgeteilt, Verdikte ausgesprochen. Vermutlich erheischt die Art des Debattierens in den kulturrevolutionären Diskussionen der späten 60er und frühen 70er Jahre über das bereits Gesagte hinaus auch sozialpsychologische Erklärungen; möglicherweise wird man in der Dimension intergenerativer Sozialisationstransporte auf sozialpsychologische Hypotheken des deutschen Sozialcharakters stoßen.

Auf den Psychoanalyse-Verriß des ›Kursbuchs‹ reagierten die Vertreter einer nichtsubjektivistischen Theorie des Subjekts.[16] Diese will ausdrücken, daß das Subjekt in seiner Dynamik und Widersprüchlichkeit ernst genommen, aber nicht auf bloß Subjektives reduziert wird, vielmehr werden subjektive Strukturen als Niederschlag objektiver Strukturen begriffen. Diese Gegenkritik richtet sich, wie es der Titel bereits ausdrückt, auf die „Subjektverleugnung als politische Magie". Gleichwohl ist die theoretische Programmerklärung selbst nicht ohne Probleme. Zwar wird die Differenz unbewußt/bewußt festgehalten, gleichzeitig soll die szientistische „Verdunkelung" der Methode Freuds aufgehoben werden, ohne wiederum das materialistische Fundament seiner Tiefenpsychologie zu „verraten". Nun gibt es im Werk Freuds sicher Formulierungen, die in einem naturwissenschaftlichen („szientistischen") Denkzusammenhang stehen. Ihnen stehen ebenso viele Formulierungen gegenüber, die Freud als Handlungstheoretiker ausweisen, der mehr als sein Antipode Weber über die Vielschichtigkeit des sozialen Handelns und die gegenläufige Bewegung von Handlungsebenen wußte. Auch der Hinweis auf das materialistische Fundament der Psychoanalyse bleibt eine Leerformel, wenn sie nicht, worauf es mehr ankommt als auf die Hülse Materialismus, die 150 Jahre nach dem Ende des deutschen Idealismus gänzlich ihre polemische Spannung verloren hat, sich mit der konkreten Dialektik verschiedener Handlungsschichten füllen kann. So soll denn eine „materialistische Hermeneutik"[17], die versuchen wird – wie im nächsten Kapitel gezeigt werden soll –, den Historischen Materialismus zu überholen, den historischen Stand der Bearbeitung der inneren Natur unter den Bedingungen äußerer Verhältnisse, der zweiten Natur, zumal gesellschaftlicher Antagonismen ausweisen. Dabei soll nicht nur der „lebensgeschichtliche Reduktionismus", also die Reduktion brüchiger Lebensgeschichte auf kontingentes Individuelles, überwunden werden, sondern auch der „biologistisch-triebenergetische", ohne allerdings wiederum in Soziologismus zu verfallen.[18] Es ist aufschlußreich, daß auch eine theoretische Konzeption, welche an der Differenz bewußt/unbewußt festhält, Lebensgeschichte immer auch als soziale Geschichte von Brüchen begreift, sich bemüßigt fühlt, sich von der Konzeption des Triebes zu läutern und an deren Stelle Kategorien zu setzen wie Desymbolisierung (bei Lorenzer auch Klischee, bei Habermas heißt es in der Tendenz ähnlich: „verzerrte Kommunikation"). Hatte Adorno an den ich-psychologisch orientierten Revisionisten, z. B. bei Horney, die Entschärfung der Psychoanalyse durch das Fallenlassen des Triebbegriffs kritisiert, so trifft eben diese Kritik nun in voller Schärfe auch die materialistisch-hermeneutischen Revisionisten (Lorenzer, Horn und auch Habermas). Die materialistische Hermeneutik mit ihrer Neigung, die unbewußten Momente im Handeln in höchst idealistische Derivate zu verwandeln, entschärft auf diese Weise den subversiven Charakter der Psychoanalyse. Gerade der Begriff des Triebes und seine resistenten Momente im Unbewußten sowie die These, daß Gesellschaft und Individuum eine widersprüchlich-dynamische Einheit des Nichteinheitlichen, des Zusammenpralls von gesellschaftlichen Zwecken und nicht vergesellschaftbaren Trieben, darstellt, waren doch das Skandalon der Psychoanalyse Freuds.

Ich will aus den Repliken und Retourkutschen, den mühsamen Richtigstellungen der Autoren die Position von Alfred Lorenzer herausgreifen, der als Kopf der Gruppe die Konzeption der „materialistischen Hermeneutik" entwickelt hat. Diese enthält den Versuch der Neubegründung der Psychoanalyse im Rahmen des Historischen Materialismus. Die subjektivistischen Bornierungen der Psychoanalyse, so Lorenzer, könnten nur aufgehoben werden durch den Rekurs auf die historisch-materialistische Theorie von Marx. Die als „Kritik des Subjekts" verstandene Psychoanalyse will „niemals an die Stelle einer Kritik der politisch-ökonomischen Situation"[19] treten. Und: „Weder konkurriert eine Kritik des Subjekts mit einer Analyse der politisch-ökonomischen Verhältnisse, noch zielt sie auf eine 'Revision' der Marxschen Gesellschaftstheorie."[20] Mit diesem Programm ist dem Wulffschen Angriff die Spitze genommen: Die als Kritik des Subjekts entworfene Psychoanalyse sei das adäquate Pendant zur Marxschen Theorie, daher weder Manipulations- noch Herrschaftsinstrument. Die Kritik des Subjekts bewahrt demnach in ungeschmälerter Weise die Emanzipationsinteressen kritischer Gesellschaftstheorie.

b) Die Neubegründung der Psychoanalyse im Rahmen der Marxschen Gesellschaftstheorie

Alfred Lorenzer, auf den vor allem die Kritik Wulffs zielte, hat in den frühen 70er Jahren den bedeutendsten Versuch[21] unternommen, das Verhältnis von Psychoanalyse und Historischem Materialismus einer „kategorialen Klärung" zu unterwerfen. Man muß, um diesen Diskussionen aus der Distanz von mittlerweile 15 Jahren gerecht zu werden, sich vergegenwärtigen, mit welcher Emphase in dieser Zeit Marx, der bis dato für den akademischen Betrieb eine Persona non grata war, rezipiert wurde. Da man nicht über die selbstverständliche Tradition des Umgangs mit Marx verfügte, war die erste Rezeptionswelle unkritisch. Dem Attribut „materialistisch" kam in dieser Zeit die Faszination zu, mit der heute die Systemtheorie nicht minder blind, nicht minder dogmatisch und personengebunden von rat- und orientierungslosen Sozialwissenschaftlern auf der Suche nach Wegmarken rezipiert wird.

Es ging in den Arbeiten Lorenzers, aber auch in anderen Arbeiten (Horn, Duhm, Schneider, Ottomeyer)[22] um die Interpretation der Psychoanalyse im historisch-materialistischen Theoriekonzept. Wie schon erwähnt, wurde dabei die Marxsche Gesellschaftstheorie unbefragt und unproblematisiert zum theoretischen Koordinatensystem, in dem nun die Psychoanalyse verortet wurde.

Am Anfang dieser Rekonstruktionen steht das „Leerstellen-Argument". So konstatiert Lorenzer, daß im „Marx'schen System Kategorien der Subjektivität vorgedacht sind, die das große Thema der Psychoanalyse, die Darstellung systematisch gebrochener Subjektivität, schon vorwegnehmend offenhalten in Leerstellen"[23]. Diese sind zwar nicht einfach auszufüllen, aber doch durch den Nachweis der objektiven Genese konkreten Leidens zu bestimmen. Man kann den Ansatz in folgenden Thesen zusammenfassen:

1. Die Subjektivität formt sich in der praktischen Auseinandersetzungsdialektik des „Gesamtarbeiters" mit äußerer wie innerer Natur. Auf diese Weise wird Natur in den Zusammenhang menschlicher Praxis gerückt, erhält der Subjektbegriff eine materialistische Begründung. Das heißt konkret: „Subjektivität ist voll und ganz auf objektive Bedingungen zurückführbar."[24]
2. Es werden keine geschichtsunabhängigen subjektiven Potentiale und Strukturen unterstellt. Nicht der Widerspruch

Natur/Kultur oder Trieb/Gesellschaft ist entscheidend, sondern die Genese von defizienten Interaktionsstrukturen, die „systematische Zerstörung subjektiver Bildungsprozesse“[25].

3. Auch der Spracherwerb, „Sprachfiguren“ und „geistige Figuren“ müssen materialistisch begründet werden.
4. Leitlinie der Rekonstruktion ist die Marxsche Gesellschaftstheorie, die Psychoanalyse sei ohne die Marxsche Gesellschaftstheorie nicht zureichend verstehbar.
5. Da die Psychoanalyse es, in der Sprache von Lorenzer, mit „defizienten Interaktionsstrukturen“, mit „zerstörten Interaktionsgefügen“ im Rahmen objektiv-bedingter Prozesse der Vergesellschaftung im Subjekt zu tun hat, wird diese „systematisch gebrochene Praxis“ im Rahmen der Sozialisationsprozesse folgendermaßen erklärt. Die Mutter fungiert im Sozialisationsprozeß „als Teil des Gesamtarbeiters. Eben deshalb aber ist ihr Verhalten von den Beschränkungen gekennzeichnet, denen der Gesamtarbeiter durch versteinerte Produktionsverhältnisse ausgesetzt ist“[26].
6. Der Gesamtarbeiter, die Produktionsverhältnisse generieren also die defizienten Interaktionsstrukturen: „ein überholt-unangemessener Rahmen borniert praktische Entfaltung, so auch die Entfaltung der Einigung in der Mutter-Kind-Dyade“[27].

Lorenzers Subjektbegriff ist schlicht mechanistisch; er vermag nicht die Vermittlung von Objekt und Subjekt in ihren allgemeinen und besonderen, in ihren strukturell vorhersehbaren und zugleich indeterminierten und unvordenklichen Dimensionen zu fassen. Lorenzer will die defizienten Subjektstrukturen aus den Produktionsverhältnissen ableiten, der Gesamtarbeiter spiegelt aber die Produktivkräfte, das in einzelne Ensembles auseinandertretende Arbeitsvermögen. Überdies ist überhaupt nicht plausibel, wie sich der Gesamtarbeiter in der sozialisatorischen Funktion der Mutter vermitteln soll.

Hier wird mit bündigen Sätzen, ohne alle weitere Vermittlung deduziert, was Freud in einer Reihe materialer Erörterungen (z. B. ›Das Unbehagen in der Kultur‹, ›Die Zukunft einer Illusion‹) herauszuarbeiten sich bemühte. Allemal gehen die inhaltlichen Erörterungen Freuds sehr viel weiter als die prätentiösen kategorialen, metatheoretischen Analysen.

Auch in seinem Hauptwerk ›Die Wahrheit der psychoanalytischen Erkenntnis‹[28] hat Lorenzer die Grundform dieser These, wenn auch in wortreich erweiterter Form, nur wiederholt: Es sind die in der „Partikularisierung der gesellschaftlichen Totalität, der Klassenspaltung“[29] verortbaren Inkonsistenzen, welche die „zerfallene Synthesis in der Beziehung von Mensch und Natur und den Verlust der Praxiskonsistenz“[30] nach sich ziehen.

Die These, daß die kapitalistischen Produktionsverhältnisse jene Phänomene aus sich hervortreiben, die die Psychoanalyse beschrieben hatte, bestimmte eine Fülle von Publikationen dieser Zeit. Es wäre müßig, all dem nachzugehen, was zum Thema Produktion, Arbeit und Sozialisation geschrieben wurde. Was all diesen Arbeiten gemeinsam ist, ist ein unkritisches Verhältnis zur Marxschen Gesellschaftstheorie, die wie ein Dogma nachgebetet wurde. Das erklärt auch, warum das bloß taxonomische Gebäude nach kurzer Zeit an Interesse verlor.

All diesen Ansätzen, welche durch den Rekurs auf die Produktionsverhältnisse meinten, die gesellschaftstheoretischen Leerstellen in der Theorie Freuds zu füllen, liegen – vom imperialen Theoriegestus einmal ganz abgesehen – eine Reihe von Denkfehlern zugrunde. Da ist zunächst einmal das Bedürfnis nach einem geschlossenen System theoretischer Aussagen mit geschlossenen Kausalketten. Die gesellschaftlichen Strukturen, denen Freud in aller Vorsicht nachforschte, vor allem die Moralstrukturen, welche entscheidend an der Entstehung von Spaltungen im Verhalten, eines kontra-zweckrationalen Untergrunds in den Motivstrukturen und Antriebspotentialen (bei Lorenzer: „defiziente Interaktionsstrukturen“) beteiligt sind, weisen eine ganze Reihe determinierender Faktoren auf, die sich z. T. überlagern. So läßt sich die christliche Sexualmoral, die entscheidend an der Bildung bestimmter neurotischer Dispositionen und Verhaltensweisen beteiligt ist, schwerlich aus der Dynamik der kapitalistischen Produktionsverhältnisse erklären. Vielmehr scheint es gerade umgekehrt zu sein, daß gerade, wie Max Weber nachwies, die christliche Arbeits- und Sexualmoral in ihrer protestantischen und calvinistischen Variante zur Entstehung des Geistes des Kapitalismus beigetragen hat. Die die Sexualmoral generierenden Faktoren und Geflechte sind nicht nur vielfältig, sondern weisen streckenweise regionale Differenzierungen und Besonderheiten auf, die es fast verbieten, universelle Kulturgeschichten der Sexualität zu schreiben. All das sollte man im Hinterkopf haben, wenn man sich dem Thema stellt.

Aber selbst auf der Ebene der historisch-materialistischen Theoriekonzeption stimmt das Argument nicht. Nicht die Produktionsverhältnisse generieren die Arbeitsethiken und lustfeindlichen Sexualmoralen, sondern der je vorwaltende Stand der Entwicklung der Produktivkräfte. Das ist ein entscheidender Unterschied. In der Phase der Entwicklung der Produktivkräfte, also an der Schwelle des industriellen "take-off", entstehen Arbeitsethiken, die alle Antriebsenergien in Arbeitsenergien zu transformieren trachten. Arbeit wird, dies hat Marx überzeugend dargetan, zum universellen Thema, zur Quelle menschlicher Selbsterfahrung und Selbstentfremdung. Unter dem Druck dieser rigiden und repressiven Arbeitsethiken, die sich in allen gesellschaftlichen Handlungssystemen ausbreiten, verschärft sich der Zwiespalt von Gesellschaft und Triebstruktur. Es ist daher kein Zufall, daß die Psychoanalyse am Ende jenes Jahrhunderts entsteht, das unter dem Zeichen der industriellen Vergesellschaftung angetreten ist. Die Entfremdung wird nicht nur in den von Marx beschriebenen Formen auf die Spitze getrieben, sondern auch in der sinnlichen Sphäre selbst, wobei die Wirkungen nicht einfach linear sind, sondern sich vielfach brechen, z. B. in der Dimension Mann/Frau, Oberschicht/Unterschicht, Großstadt/Land. Daß also Freud auf Marx folgt, ist insofern kein Zufall, sondern erklärt sich aus der spezifischen Form der Vergesellschaftung, nur liegt das primäre Moment in den Repressionen der industriellen, zweckrational orientierten, auf Disziplinierung auch und gerade der Innenwelt fußenden Vergesellschaftung. So ist denn auch kein Zufall, daß Gesellschaften, die nicht durch kapitalistische, sondern durch (real) sozialistische Produktionsverhältnisse bestimmt sind, wo der Entfaltungsgrad der Produktivkräfte gering ist, repressive Arbeitsethiken und lustfeindliche Sexualmoral generieren. Auch hier wird Arbeit zur obersten Daseinsorientierung, der alles, auch die Sinne, geopfert werden müssen. China, aber auch die Sowjetunion sind Musterbeispiele für repressive lustfeindliche Moralstrukturen. Umgekehrt kann nicht übersehen werden, auf welche überraschende Weise und in welchem Umfang sich in den letzten Jahrzehnten im Kapitalismus, unter kapitalistischen Produktionsverhältnissen, die allgemeinen gesellschaftlichen Moralstrukturen gelockert haben, was mit unterschiedlicher theoretischer Akzentuierung als Übergang zur „permissiven" Sexualmoral oder als „repressive Entsublimierung"[31] beschrieben worden ist. Der Kapitalismus mit seiner Entwicklungsdynamik ist nicht nur ein Totengräber vorkapitalistischer Lebensweisen, er zerstört auch die Sexualmoral, unter der er historisch selbst angetreten ist. Überall wird die Permissivität des Sexus und Eros wirksam, in der Sphäre der Warenzirkulation wie im direkten Geschäft mit dem Sexus. Gleichgültig, wie man die Phänomene wertet, sie sind jedenfalls ein lebhafter Beweis dafür, daß der Kapitalismus auf der Basis unveränderter Produktionsverhältnisse permissive, lustbetonte Lebensweisen hervorbringt und zuläßt, wenn die entfalteten Produktivkräfte es erlauben. Keinesfalls ist somit die Triebunterdrückung in ihren historisch bekannten Formen ein „wesensnotwendiges" Element des Kapitalismus. Umgekehrt zeigt sich der reale Sozialismus in seinen Grundstrukturen als asketisch, repressiv und, wenn man so will, quasi-protestantisch, wenn die Produktivkräfte noch in geringem Maß entwickelt sind. Wenn diese These stimmt, erweisen sich alle Theorien als grundfalsch, die die Entstehung der von der Psychoanalyse beschriebenen Phänomene notwendig mit den Grundstrukturen kapitalistischer Vergesellschaftung in Beziehung setzen wollen.

Aus diesen wenigen Beispielen wird deutlich, daß der Problemkreis, den Freud vorsichtig mit dem Titel ›Die kulturelle Sexualmoral und die moderne Nervosität‹ umschrieben hat, mit politisch griffigen Formeln nicht hinreichend zu fassen ist. Die soziale Genese psychischer Sachverhalte und psychischen Elends, das sexuelle eingeschlossen, verweist auf einen komplexen Konstitutionsprozeß, der mit den Marxschen Kategorien der Produktionsverhältnisse und Produktivkräfte allein nicht ausschließlich zu klären ist. Die Genese von moralischen Normen, der „kulturellen Sexualmoral", führt stets zum harten Kern von Gesellschaft, zu dem „Dreieck von Arbeit, Organisation und Herrschaft"[32], in erweiterter und reformulierter Form: zu dem Komplex von Struktur, Ideologie, Arbeit und Herrschaft in ihrer je konkreten historischen Formbestimmtheit. Alle diese Faktoren sind unterschiedlich dimensioniert und bewegen sich z. T. unabhängig voneinander, wenn sie auch konkret immer uno actu auftreten. Sie sind auch nicht einfach auseinander ableitbar, sondern bilden stets ein Geflecht unterschiedlicher normierender Kräfte mit verschiedenen Teilgeschichten. Will man dem Problem der historischen und sozialen Genese der „kulturellen Sexualmoral" auf die Spur kommen, empfiehlt es sich, die Dynamik und normative Funktion dieser Faktoren getrennt zu untersuchen, zumal diese häufig im Widerstreit stehen, z. B. traditionsbestimmte Ideologie und moderne Produktivkräfte. Entscheidend für die

Art und Härte der „kulturellen Sexualmoral" dürfte das Zusammenwirken dieser vier Faktoren sein: a) die gesellschaftlichen Grundstrukturen (Verhaltenstraditionen, Organisiertheit des gesellschaftlichen Lebens, die Art der sozialen Reproduktionsformen), b) die Grundideologien (religiöse Gebote und Verbote, allgemeine Weltbilder), c) die Art der Arbeit und der Entwicklungsstand der Produktivkräfte, d) die Herrschaftsbeziehungen (in der Dimension Mann/Frau, in den Teilsystemen, vor allem dem ökonomischen, in der Gesamtgesellschaft).

Es wird sich stets ein vielfältiges und spannungsreiches Wechselspiel von objektiv-strukturellen und subjektiven Faktoren mit sehr verschiedenartigen Konstellationen ergeben, die von Überlagerungen bis zum krassen Zwiespalt reichen, aus denen sich dann die normative Gesamtstruktur herausschält, auf deren Hintergrund die konkrete Dialektik von Triebstruktur und Gesellschaft sichtbar gemacht werden kann.

Die folgenden Exkurse sollen dokumentieren, wie Marx und Engels in einer wichtigen Passage der ›Deutschen Ideologie‹ schon auf den Spuren einer psychoanalytischen Interpretation wandelten. Umgekehrt arbeitete Freud in einer von der Freud-Literatur systematisch übersehenen Textstelle fast schon in historisch-materialistischer Weise die materielle Grundlage des Wandels der kulturellen Sexualmoral heraus.

Exkurs 1: Marx und Engels – innere Natur als Fremdes, Fessel und Zwang, „Fixität" der Begierden

Im Rahmen ihrer Auseinandersetzung mit „Sankt Max" (Stirner) in der ›Deutschen Ideologie‹[33] sind Marx und Engels, ohne daß sie es wollten, der Logik der psychoanalytischen Interpretation nahegekommen. Es ist verwunderlich, daß die Marxisten, die sich um den Einbau der Psychoanalyse in ihr theoretisches System bemühten, nie auf diese ausbaufähigen Textstellen Bezug genommen haben. Stirner hatte behauptet, daß die Bedürfnisse der Individuen einseitig befriedigt werden und daß dadurch „bei den mit sich uneinigen Egoisten 'die Begierden fix werden'"[34].

Mit Spott und scharfer Polemik haben Marx und Engels diese Vorstellung Stirners traktiert und dann ihr eigenes Argument wieder verworfen und infolgedessen eine wichtige Passage in dem lange verschollenen und erst 1932 veröffentlichten Manuskript gestrichen. Unvermerkt haben sie jedoch einen wichtigen Gedanken ausgesprochen, der mit bestimmten Strängen der psychoanalytischen Interpretation des Kulturprozesses auf frappierende Weise koinzidiert und für die weitere gesellschaftstheoretische Debatte um die Dialektik von Triebstrukturen und Gesellschaft von außerordentlicher Bedeutung ist.

Im Rahmen dieser Erörterungen gilt ihnen die Haltung des Christentums zu den menschlichen Begierden als Beispiel dafür, wie im Menschen selbst Natur als etwas Fremdes, als Zwang und Fessel widerscheint: „Das Christentum wollte uns nur darum von der Herrschaft des Fleisches und den 'Begierden als antreibenden' befreien, weil es unser Fleisch, unsre Begierden für etwas uns Fremdes ansah; es wollte uns nur darum von der Naturbestimmung erlösen, weil es unsre eigne Natur für uns nicht zugehörig hielt.“[35] In der Verleugnung eben dieser Natur erscheint schließlich die Bestimmung durch die Natur „als Bestimmung durch etwas Fremdes, als Fessel, als Zwang, der mir angetan wird, als *Heteronomie im Gegensatz zur Autonomie des Geistes*“[36]. Marx und Engels konstatieren, daß das Christentum selbst „bei dem bloßen, in der Praxis resultatlosen Moralgeboten stehen“ bleibt, es ihm aber nie gelungen ist, „uns ... von der Herrschaft der Begierden zu befreien“[37]. Nun kommen sehr interessante Ausführungen zu den Begierden, welche die Logik der psychoanalytischen Interpretation im Hinblick auf die Dynamik verdrängter Bedürfnisse geradezu vorwegnehmen:

„Ob eine Begierde fix wird oder nicht, d.h. ob sie zur ausschließlichen Macht über uns wird, wodurch indes ein weiterer Fortschritt nicht ausgeschlossen ist, das hängt davon ab, ob die materiellen Umstände, die 'schlechten' weltlichen Verhältnisse erlauben, diese Begierde normal zu befriedigen und andererseits die Gesamtheit der Begierden zu entwickeln. Dies letztere wieder hängt davon ab, ob wir in Umständen leben, die uns eine allseitige Tätigkeit und damit eine Ausbildung aller unserer Anlagen gestatten. Ebenso hängt es von der Gestaltung der wirklichen Verhältnisse und der in ihnen gegebenen Möglichkeiten der Entwickelung für jedes Individuum ab, ob die Gedanken fix werden oder nicht ...“[38] Und am Beispiel des Essens heißt es: „Hindern ihn [hier ist in polemischer Hinsicht Stirner gemeint, wir können aber das Argument verallgemeinern und an die Stelle Stirners „den Menschen“ setzen – B.W.R.] die weltlichen Verhältnisse daran, seinen Magen zu befriedigen, so wird dieser sein Magen zum Herrn über ihn, die Begierde ans Essen zur fixen Idee – womit er zugleich ein Beispiel für den Einfluß der weltlichen Umstände auf die Fixierung seiner Begierden und Ideen hat."[39]

Auch in seiner weiteren, z.T. sehr persönlichen und groben Polemik gegen Stirner hat Marxens Intellekt unvermerkt scharfsichtige Zugänge zur Dynamik verdrängter Begierden gebahnt: die beschränkten, aus der „Leibeskonstitution hervorgehenden Begierden [äußern] sich als *Reperkussion* [Zurückwerfung – B. W. R.], d. h. sie nehmen innerhalb ihrer bornierten Entwicklung denselben einseitigen und brutalen Charakter an wie das Denken, kommen nur in langen Zwischenräumen und stimuliert durch das Wuchern der vorherrschenden Begierde ... zum Vorschein und äußern sich heftig, gewaltsam, mit brutalster Verdrängung der gewöhnlichen, natürlichen Begierde, indem sie zur weitern Herrschaft über das Denken führen"[40].

Damit ist in nuce zumindest ein Strang der Logik der psychoanalytischen Interpretation des kulturellen Prozesses formuliert: Begierden und im weiteren Sinne Bedürfnisse werden durch ihre Blockierung „fix", d.h. erstarren, werden etwas Fremdes, zur Fessel, Zwang, zum Herrn über das Ich. Bei Freud wird es später heißen, die Menschen sind nicht Herr im eigenen Haus. Ob eine Begierde fix wird, hängt von den „materiellen Umständen" ab, die es erlauben, „diese Begierde normal zu befriedigen", also, so können wir fortfahren, von Gesellschaft, von gesellschaftlichen Verhältnissen, von gesellschaftlichen Normen, Moralstrukturen, schließlich auch von Herrschaft. Damit tun sich die theoretischen Fragen der psychoanalytischen Kulturtheorie auf: Wie sehen die gesellschaftlichen Umstände dieses Fixwerdens der Begierden aus, in welchem Ausmaß können sie minimiert werden, verfängt sich die Gesellschaft, als Strukturierung des Nichtstruktierten (Nichtstrukturierbaren?), in ihrer eigenen Gesetzlichkeit, wieweit kann Gesellschaft, die das Fixwerden von Begierden verhindern will, gleichzeitig Gesellschaft und Nichtgesellschaft sein?

In einer im Manuskript gestrichenen Passage haben sich Marx und Engels mit der Verflüssigung der „fixen" Begierden auseinandergesetzt. Diese reklamieren sie als „geschichtliche Aktion" der Kommunisten, vermittels der „das Flüssigmachen der fixwerdenden Begierden und Gedanken wirklich vollzogen wird"[41]. Der Zusammenhang von gesellschaftlicher Organisation und Begierden ist in der späteren prätentiösen Debatte um den Zusammenhang von Marxismus und Psychoanalyse nie wieder so klar formuliert worden, vielleicht, wenn auch mit skeptischer Zurückhaltung, beim als szientistisch geschmähten Freud selbst: „Die kommunistische Organisation wirkt in doppelter Weise auf die Begierden, welche die heutigen Verhältnisse im Individuum hervorbringen; ein Teil dieser Begierden, diejenigen nämlich, welche unter allen Verhältnissen existieren und nur der Form und Richtung nach von verschiedenen gesellschaftlichen Verhältnissen verändert werden, wird auch in dieser Gesellschaftsform nur verändert, indem ihnen die Mittel zur normalen Entwicklung gegeben werden; ein anderer Teil dagegen, diejenigen Begierden nämlich, die ihren Ursprung nur einer bestimmten Gesellschaftsform, bestimmten Produktions- und Verkehrsbedingungen verdanken, wird ganz und gar seiner Lebensbedingungen beraubt. Welche Begierden nun unter der kommunistischen Organisation bloß verändert und welche aufgelöst werden, läßt sich nur auf praktische Weise, durch Veränderung der wirklichen, praktischen 'Begierden', nicht durch Vergleichungen mit früheren geschichtlichen Verhältnissen, entscheiden."[42]

Marx und Engels haben in intellektuellem Übermut, der sich in dieser Phase zeigte, und in einem wahrhaften Selbstmißverständnis das Argument wieder fallengelassen: die Ausdrücke „fix" und „Begierden" seien unpassend, man habe sie nur gebraucht, um Stirner schlagen zu können[43], denn Begierden seien schon durch ihr Existenz etwas Fixes, z. B. der Geschlechtstrieb. Auch die Kommunisten denken nicht daran, die „Fixität ihrer Begierden und Bedürfnisse aufzuheben"[44], vielmehr geht es um eine Form der gesellschaftlichen Organisation von Produktion und Verkehr, die den Menschen „die normale, d. h. nur durch die Bedürfnisse selbst beschränkte, Befriedigung aller Bedürfnisse möglich macht"[45].

Es ist frappierend, wie hier ein intelligenter Gedanke, der ganz offenbar seiner Zeit weit voraus war, aufgegeben wird, unbearbeitet liegenbleibt, in einem Text, den offenbar keiner liest, dahinmodert. Aber was zwingend, von der Sache eingegeben, gedacht ward, kehrte wieder: in der Entwicklung der Psychoanalyse.

Exkurs 2: Freud – neue Entdeckungen, größere Beherrschung der Natur, Erhörung der Ansprüche des Einzelnen

Freud hat zwar in vielerlei Hinsicht historische Formbestimmungen der plastischen Triebstruktur anthropologisiert, etwa in seinem Philosophieren über bestimmte biologische Fundamente der Weiblichkeit oder in seiner Annahme eines ursprünglichen Todestriebes, er war aber in seinem materialen Denken weitaus beweglicher, scharfsichtiger, der Sache offener gegenüberstehend als das Heer seiner Kritiker, die ihn oft aus aufklärungsbedürftigen Motiven heraus mißverstanden haben.

In der ›Neuen Folge der Vorlesungen zur Einführung in die Psychoanalyse‹[46] hat sich der alte Freud mit dem Marxismus auseinandergesetzt. An der Marxschen Theorie haben ihn, so schreibt er, Sätze befremdet, daß die Geschichte wie ein naturgeschichtlicher Prozeß ablaufe oder daß Wandlungen in der sozialen Schichtung aus einem dialektischen Prozeß hervorgehen sollen. Er halte solche Formulierungen nicht für materialistisch, vielmehr klängen sie „wie ein Niederschlag jener dunkeln *Hegel*schen Philosophie“[47]. Die Stärke des Marxismus liege nicht in seinen Zukunftsprognosen, sondern im Nachweis, wie durchschlagend der Einfluß der ökonomischen Verhältnisse auf menschliches Verhalten sei. Das habe zu Einsichten in Zusammenhänge und Abhängigkeiten geführt, die man bislang völlig verkannte. Freud wandte sich allerdings gegen die im Marxismus postulierte „Alleinherrschaft der ökonomischen Momente“. Er verstehe nicht, wie man die psychologischen Motive einfach übergehen könne, schließlich seien die ökonomischen Verhältnisse von Menschen geschaffen und auch in diesen folgten sie ihren Triebregungen, ihrem Selbsterhaltungstrieb, ihrer Aggressionslust, ihrem Liebesbedürfnis, ihrem Drang nach Lust und Unlustvermeidung. So würden diese inneren, psychologischen Formationen dem ökonomischen Wandel oft Widerstand entgegensetzen. Auch sei der Prozeß der Kultur- und Zivilisationsentwicklung etwas von den ökonomischen Dimensionen Verschiedenes, der ebenfalls auf die Menschen und ihre Triebstruktur einwirkt. Auch die Art der Naturbeherrschung beeinflusse notwendigerweise die ökonomischen Einrichtungen in einer Gesellschaft. Worum es Freud geht, ist zu zeigen, daß das soziale Geschehen von vielfältigen Faktoren, von ökonomischen *und* psychologischen, kulturellen Momenten bestimmt wird und nicht monokausal im Sinne des Ökonomismus ableitbar sei.

Auf die russische Revolution zu sprechen kommend, kritisierte Freud, daß die neue Gesellschaft viel von dem mitschleppe, was sie bekämpfe. Obwohl schonungslos in der Aufräumung mit dem Idealismus, habe sie selbst neue Illusionen entwickelt, nämlich die einer reibungslosen Umgestaltung der menschlichen Natur in wenigen Generationen, während indes die aggressiven Neigungen nur umgelenkt würden. Freud war im Hinblick auf das russische Experiment und seine Verheißungen skeptisch, wußte jedoch selbst keinen Rat zu geben. Aber er formulierte so etwas wie ein zurückhaltende pessimistische Utopie: „Die Zukunft wird es lehren, vielleich wird sie zeigen, daß der Versuch [gemeint ist die Umwälzung in Rußland – B. W. R.] vorzeitig unternommen wurde, daß eine durchgreifende Änderung der sozialen Ordnung wenig Aussicht auf Erfolg hat, solange nicht neue Entdeckungen unsere Beherrschung der Naturkräfte gesteigert und damit die Befriedigung unserer Bedürfnisse erleichtert haben. Erst dann mag es möglich werden, daß eine neue Gesellschaftsordnung nicht nur die materielle Not der Massen verbannt, sondern auch die kulturellen Ansprüche des Einzelnen erhört. Mit den Schwierigkeiten, welche die Unbändigkeit der menschlichen Natur jeder Art von sozialer Gemeinschaft bereitet, werden wir freilich auch dann noch unabsehbar lange zu ringen haben.“[48]

Man kann auf dem Hintergrund dieser Äußerungen nicht wie Marcuse sagen, daß Freud den auf Triebunterdrückung beruhenden Kulturprozeß „für unvermeidlich und nicht rückgängig zu machen hielt“, aber er verknüpfte den Wandel der Gesellschaft mit einer höchst materialistischen Bedingung: der Entwicklung der Produktivkräfte.

8. DIE HERMENEUTISCHE INTERPRETATION DER PSYCHOANALYSE BEI KUNZ UND HABERMAS

Bevor ich mich den hermeneutischen Interpretationen bei Kunz und Habermas zuwende, möchte ich auf die Reflexion des psychoanalytischen Verfahrens bei Freud selbst eingehen. Seine Äußerungen zeigen, daß er kein szientistischer Hantierer war, *sondern ihm der hermeneutische, nämlich auf Sinnverstehen bezogene Charakter seiner Methode sehr wohl bewußt war.* Was bei Habermas später als neue „philosophische" Einsicht gefeiert wird, daß Psychoanalyse ein methodisch Selbstreflexion in Anspruch nehmendes Verfahren sei, wird bei Freud 1923 als eines der ersten Resultate der psychoanalytischen Forschung vorgestellt, nämlich „daß die hysterischen Symptome Sinn und Bedeutung haben, indem sie Ersatz sind für normale seelische Akte; und ... daß die Aufdeckung dieses unbekannten Sinnes mit der Aufhebung der Symptome zusammenfällt, daß also hierbei wissenschaftliche Forschung und therapeutische Bemühung sich decken"[1]. Was später mit großem, oft metatheoretischem Aufwand 'herausgearbeitet' wurde, formuliert Freud in durchsichtiger Weise in wenigen Sätzen in dem Abschnitt ›Die Psychoanalyse als Deutungskunst‹: Die „Psychoanalyse war nun in erster Linie eine Kunst der Deutung und stellt sich die Aufgabe, die erste der großen Entdeckungen Breuers, daß die neurotischen Symptome ein sinnvoller Ersatz für andere unterbliebene seelische Akte seien, zu vertiefen. Es kam jetzt darauf an, das Material, welche die Einfälle des Patienten lieferten, so aufzufassen, als ob es auf einen verborgenen Sinn hindeutete, diesen Sinn aus ihm zu erraten"[2]. Die psychoanalytische Rekonstruktion setzt also an den verborgenen, in der neurotischen Symptomatik festgehaltenen und zugleich zerstörten Sinnstrukturen an. Allerdings ist dieser Prozeß kein reiner Reflexionsprozeß, wie es eine reflexivistische Interpretation der Psychoanalyse im Horizont einer idealistischen Kommunikationstheorie mutmaßt, sondern er ist *zugleich* ein Prozeß des emotionalen Wiedererlebens und der Wiederherstellung von Emotionen im Rahmen eines gefestigten Arbeitsbündnisses.

Ich diskutiere einen älteren Aufsatz von Hans Kunz in der Absicht zu zeigen, daß die Reflexion auf den metatheoretischen Rahmen der Psychoanalyse als Sozialwissenschaft sich nicht mit Notwendigkeit methodologisch entzweien muß in eine Theorie der Selbstreflexion und eine vorgeblich empirisch-analytische Naturwissenschaft, die den „von der Logik der Forschung [der psychoanalytischen Theorie – B. W. R.] selbst gebahnten Zugang zu jener vom Positivismus verschütteten Dimension"[3] verfehlt und in einem „szientistischen Selbstmißverständnis"[4] befangen bleibt. Die Alternative ist konstruiert und selbst Produkt eines methodologischen Mißverständnisses, das noch näher zu bedenken sein wird.

Hans Kunz macht in einem kleinen, bereits 1950 erschienen Aufsatz ›Zur wissenschaftstheoretischen Problematik der Psychoanalyse‹[5] den Versuch einer *wissenschaftstheoretisch* stichhaltigen Begründung der psychoanalytischen Theorie. Es geht ihm um zweierlei: „einerseits den von ihr [der Psychoanalyse – B. W. R.] beigebrachten oder wenigstens behaupteten *empirischen Gehalt an seelischen Wirklichkeiten* aus den ihn durchsetzenden und überwuchernden theoretischen Konstruktionen herauszulösen und seine Gewinnung methodisch einwandfrei oder doch mit einem in den Wissenschaften üblichen relativen Gewißheitsgrad zu sichern; und andererseits die *Stellung und das Gewicht jenes empirischen Gehalts im Ganzen des Menschen* zu bestimmen"[6]. Kunz hält daran fest, daß die Psychoanalyse eine *„Theorie der Biographie"*[7], eine Theorie der lebensgeschichtlichen Prägung ist. Kunz hebt hervor, daß es sich bei dieser Theorie um eine „entwicklungsgeschichtliche", eine „genetische" Theorie handelt.[8] Die Psychoanalyse systematisiert bestimmte empirische Regelmäßigkeiten in der Entwicklungsgeschichte des Einzelnen unter Einschluß konstitutiver kultureller Faktoren wie auch regelmäßig auftretende Störfaktoren in der Entwicklungsgeschichte des Einzelnen und im kulturellen Rahmen der Gattung: Sie ist unter *analytischem* Aspekt eine „aus der Analyse der Entstehungsgeschichte der neurotischen, d. h. seelisch bedingten *Störungen* des Erlebens und Verhaltens"[9] verallgemeinerte Theorie. Als *Therapie* ist sie eine Theorie der erinnerbaren und erinnerten Lebensgeschichte, und zwar im Sinne der Zielbestimmung des therapeutischen Prozesses durch Freud, daß diese „ein zuverlässiges und in allen wesentlichen Stücken vollständiges Bild der vergessenen Lebensjahre"[10] erbringen soll.

In dem hier erörterten Kontext soll vornehmlich interessieren, welchen wissenschaftstheoretischen Ort Kunz der Psychoanalyse als „Theorie der Biographie" einräumt: „Worauf es demgemäß ankommt, ist die Gewinnung einer Theorie der Biographie, die weder einseitig 'natur'- noch 'geisteswissenschaftlich', sondern 'anthropologisch' ist, d.h. die faktische Lebensgeschichte des Menschen in ihrer Ganzheit und ihrem einheitlichen Selbstcharakter umfaßt."[11] Anders formuliert heißt dies: die psychoanalytische Theorie (wobei hier nicht die Theorie des Verfahrens, sondern die Theorie des Menschen in seiner anthropologischen Dimension und kulturellen Ausprägung gemeint ist) kann weder unter bloß naturwissenschaftlichen noch unter ausschließlich geisteswissenschaftlichen, hermeneutischen Aspekten zureichend verstanden werden; sie ist eine gesellschaftliche Theorie des Zusammenspiels von äußerer, „zweiter Natur" und erster Natur; in diese schreiben sich die (makro- wie mikrosozialen) Strukturen der Gesellschaft, ihre Widersprüche und Paradoxien ein.

Unter diesem Blickwinkel ist besonders die Genese der Psychostrukturen relevant: spätere Dispositionen sind Entwicklungsresultate früherer Prägungen und damit durch einen kulturspezifischen Konstitutionskontext vermittelt: „... zur gelebten Lebensgeschichte des Menschen [gehören] die Möglichkeiten der stellungnehmenden Entscheidung, der Übernahme oder Verwerfung der kulturellen Tradition und der Selbstgestaltung als Wesenskonstituenten ... im Gegensatz zur Entwicklungsgeschichte der Pflanzen und Tiere, denen sie fehlen".[12] Die soziokulturelle Prägung des Menschen ist also nicht linear und deterministisch zu begreifen, die Menschen können die ihnen von der Gesellschaft angesonnenen Sinnbestimmungen negieren, und zwar auf der bewußten und unbewußten Ebene. So erweisen sich viele im Unbewußten verankerte Symptome als Widerstand gegen funktionelle, zweckrationale Vergesellschaftung. Kunz formuliert dies so: „Die lebensgeschichtliche Kontinuität ... realisiert sich in der Regel nicht als bewußtes Wiederauftreten der ehemaligen Impulse oder als deren erlebte Reaktualisierung, sondern als *Geprägtsein des faktischen Gebarens,* das ineins dessen Variabilität oder 'Freiheit' beschränkt."[13] Lebensgeschichte ist also immer auch gleichsam automatische Reproduktion frühkindlicher Zwänge, also von Sozialisationskonstellationen, in denen sich die Geschichte mikrosozialer Institutionen, wie z.B. der Familie, aber auch makrosozialer Institutionen, wie des Wertesystems, niederschlägt.

Kunz, dessen inhaltliche Überlegungen schließlich doch mehr um das Verhältnis von „vitaler Triebhaftigkeit" und Geist – allerdings nicht in metaphysischer Wesenstümelei, sondern faszinierender Nüchternheit – kreisen, sieht, daß der Erkenntnisanspruch der Psychoanalyse nicht an allen Punkten und nicht auf allen Wegstrecken der Theoriebildung empirisch-wissenschaftlich abgesichert werden kann, sondern teilweise „apriorische" Annahmen einfließen. In die psychoanalytische Rekonstruktion, wie im übrigen in jede Art von theoretischer Konstruktion, gehen latente, apriorische Annahmen und Setzungen ein: „Wir nennen die Gesamtheit dieser die empirischen Daten gleich einem Myzel durchsetzenden Züge die 'latente Anthropologie', die ihrerseits das erfahrende Erkennen sowohl fördert wie hemmt und begrenzt und rückwirkend von ihm wiederum beeinflußt wird. Deshalb lassen sich die apriorisch-anthropologischen und empirischen Elemente nicht scharf voneinander differenzieren. Die latente Anthropologie bestimmt einerseits die Interpretation der einzelnen Fakten, indem sie den Entwurf eines antizipierten vorläufigen Ganzen von Zusammenhängen bereit hält, in die jene eingeordnet und ineins gedeutet werden; andererseits das Ziel der Interpretation der empirischen Tatbestände, dessen Erreichung das Erkenntnisbedürfnis stillt und zum Verschwinden bringt."[14] In erstaunlicher Weise wird hier eine der Kernthesen von ›Erkenntnis und Interesse‹ vorweggenommen.

Die methodologische Studie von Habermas ›Zur Logik der Sozialwissenschaften‹ thematisiert den wissenschaftstheoretischen Dualismus zweier Bezugssysteme, den der „nomologischen Wissenschaften, die Gesetzeshypothesen über empirische Gleichförmigkeiten gewinnen und prüfen"[15], und der „historisch-hermeneutischen Wissenschaften, die tradierte Sinngehalte aneignen und analytisch verarbeiten"[16]. Die Studie endet gleichwohl – obgleich Habermas auf eine Verbindung von Funktionalismus und Hermeneutik abstellt – mit einem Plädoyer für die hermeneutischen Wissenschaften: „Ein hermeneutisch aufgeklärter und historisch gerichteter Funktionalismus zielt nicht auf allgemeine Theorien im Sinne der Erfahrungswissenschaften, sondern auf eine allgemeine Interpretation der Art, wie wir sie am Beispiel der Psychoanalyse untersucht haben."[17] Dieser „historisch gerichtete Funktionalismus zielt gar nicht auf technisch verwertbare Informationen; er ist von einem emanzipatorischen Erkenntnisinteresse geleitet, das allein auf Reflexion zielt, und das Aufklärung über den eigenen Bildungsprozeß verlangt"[18]. Nun dreht sich die Hermeneutik, wie jeder andere Erkenntnisansatz im Zirkel unendlicher, gleichrelevanter Perspektiven, wenn es nicht gelingt, eine Bezugsperspektive, einen gleichsam archimedischen Punkt zu finden. Als Bezugsperspektive der Rekonstruktion legt Habermas den „antizipierten Endzustand eines Bildungsprozesses"[19] zugrunde. Die stringente Klärung dieser antizipierten theoretischen Bezugsperspektive hat Habermas in vielen Arbeiten in Angriff genommen; diese hat die Gestalt einer ideellen Kommunikation angenommen, die durch Symmetrie und Unverzerrtheit charakterisiert ist und durch quasi-transzendentale Aprioris strukturiert wird. Mit dieser historisch und empirisch uneingelösten Voraussetzung, der Antizipation eines durch Konsensus bestimmten Endzustandes, wird die Psychoanalyse einer wissenschaftstheoretischen Rekonstruktion unterworfen.

In der Diskussion der Arbeit von MacIntyre[20] unterscheidet Habermas die empirisch-analytischen Wissenschaften, welche allenfalls „technisch verwertbare Informationen über Naturgesetze"[21] liefern und somit die „technische Verfügungsgewalt über unverstandene Prozesse des menschlichen Verhaltens erweitern"[22] und die sprachanalytisch-hermeneutische Erforschung des menschlichen Handelns, die es „mehr mit der kritischen Auslegung von Texten als mit Erfahrungswissenschaften zu tun"[23] hat. Hinter dieser Unterscheidung steckt die Scheidung einer empirischen und einer intelligiblen Sphäre, eines Bereiches blind wirkender Naturkausalität und eines Reiches des reflexiven Geistes, in dem die Dynamik der Selbstreflexion wirksam ist. Beide Sphären bleiben unvermittelt nebeneinander stehen, fallen auseinander; die Kategorie des Sinnes, die im *handlungs*theoretischen Ansatz festgehalten wird, supponiert dabei eine Art transzendentales Vermögen in den Handlungen der Subjekte selbst.

Es geht im folgenden um den Versuch von Habermas, gesellschaftliche Emanzipation nach dem Modell der in der psychotherapeutischen Interaktion geleisteten Reflexionsarbeit zu begreifen.

Als Folge des von Habermas behaupteten Veraltens Marxscher Begriffe (Entfremdung, Proletariat) und wichtiger Theorieteile der Marxschen Theorie (Arbeitswerttheorie, Theorie des Klassenkampfes) tritt in seinen Arbeiten die Kategorie der Selbstreflexion in den Vordergrund, deren Movens nicht mehr die materielle Bewegung inhaltlicher Widersprüche ist, sondern die sich einer nur schwer einsehbaren Selbstvermittlung verdankt. Mit Fortschreiten des Versuches der Neuformulierung einer kritischen Theorie der Gesellschaft wird dessen Abstraktheit unübersehbar; die Konzipierung idealer Sprechsituationen, die kontrafaktischen Charakter haben und gewissermaßen hypothetisch die Möglichkeit der Einsicht in Zusammenhänge verzerrter Kommunikation und entstellter Identität aufschließen, erfolgt zunächst jenseits bzw. überhalb der gesellschaftlichen Wirklichkeit. Die Potentialität dialogischer Kommunikation wird schließlich in der empirischen Wirklichkeit selbst festgemacht, als „Faktum der Natur", der „immer schon unterstellten Möglichkeit universaler Verständigung"[24] begriffen. Ein derart universal und nur als kontrafaktische Konstruktion denkbares Subjekt ist keines; mit der Naturalisierung der Gesellschaftstheorie verliert diese ihren kritischen Gehalt. An die Stelle immanenter Kritik, der durch bestimmte Negation vermittelten Bewegung durch das Reich der Unfreiheit ins Reich der Freiheit, tritt die Selbstbegründung der emanzipierenden Erkenntnis durch Einführung transzendentaler Gesichtspunkte, wobei jedoch die Entwicklung des transzendentallogischen Ansatzes nicht durchgehalten werden kann und schließlich doch ein Rekurs auf die geschmähte Empirie und die in ihr waltenden Tendenzen der Selbstemanzipation erfolgt. Die solchermaßen abstrakt eingeführte und im Rahmen einer universalen Anthropologie der Dialogfähigkeit festgemachte Selbstreflexion soll das Subjekt aus der Abhängigkeit hypostasierter Gewalten lösen[25]; in ihr treibt unvermittelt ein emanzipatorisches Erkenntnisinteresse die Selbstverwirklichung der Subjekte voran. Die Psychoanalyse sei das „einzige greifbare Beispiel einer methodisch Selbstreflexion in Anspruch nehmenden Wissenschaft"[26]; am Beispiel der Psychoanalyse läßt sich zeigen, „daß in der methodisch ermöglichten und provozierten Selbstreflexion am Ende Einsicht und Emanzipation von undurchschauten Abhängigkeiten, d.h. Erkenntnis und die Erfüllung des Interesses an einer Befreiung durch Erkenntnis zusammenfallen"[27].

Die therapeutische Interaktion und die in ihr geleistete Reflexionsarbeit wird zum Paradigma für gesellschaftliche Emanzipation schlechthin. Verbunden damit ist eine Psychologisierung gesellschaftlicher Strukturen. Habermas transponiert und verlängert das Modell der psychoanalytischen Therapie auf zwei Argumentationsebenen: auf der Ebene materialer Rekonstruktion kommt es zu einer direkten Verwandlung gesellschaftstheoretischer Begriffe (Herrschaft, Institution, Ideologie) in psychoanalytische Kategorien[28]; auf der Ebene metatheoretischer Erörterungen entwickelt Habermas – unter Rückgriff auf die in der therapeutischen Interaktion geleisteten Reflexionsarbeit – im Ansatz eine Theorie der Metahermeneutik als Theorie kommunikativer Kompetenz[29], die das Verhältnis von Therapie und Emanzipation in falscher Weise analogisiert.

Indem Habermas objektive gesellschaftliche Strukturen und Phänomene (Herrschaft, Institutionen, Ideologien) wie ihre Veränderung in Terms der psychotherapeutischen Szene rekonstruiert, vollzieht sich das, was Brückner methodologische „Verkehrung" genannt hat.[30] Im Kopf der Theorie spiegeln sich Proportionen und Abhängigkeiten der gesellschaftlichen Wirklichkeit falsch wider. Der gesellschaftliche Hintergrund für die Entstehung und vor allem Rezeption dieses falschen Bewußtseins in theoretischer Gestalt liegt in einem latenten Bedürfnis nach Subjektivierung der Gesellschaftstheorie. Die Konsequenz liegt auf der Hand: Die aus einer bloß subjektiven Gesellschaftstheorie entspringenden praktischen Konsequenzen können in das unverbindliche Reich des Wünschbaren abgeschoben werden, in dem sich die konkurrierenden Ethiken, abgekoppelt von der Wirklichkeit und einem historischen Subjekt, wechselseitig thematisieren und neutralisieren. Es scheint, daß die Verwandlung von Themen in universale Paradigmen, an denen keine Erörterung vorbeikommt, je erfolgreicher ist, je mehr sie von den methodologischen und inhaltlichen Problemen objektiver Gesellschaftstheorie abstrahieren.

Unter psychologistischer Perspektive kann die psychoanalytische Theorie nicht als Konstitutionstheorie der psychoanalytischen Tatbestände begriffen werden, sondern Gegenstand der Psychoanalyse ist ein Zusammenhang verzerrter Interaktionen, dessen Vermittlung durch objektive gesellschaftliche Strukturen der allgemeinen Kultur und klassengebundener Herrschaftsverhältnisse sich immer mehr verflüchtigt. Die Abkopplung objektiver Strukturen und die Verwandlung der Dialektik des gesellschaftlichen Objekts und des psychischen Subjekts in eine solche von verzerrten und unverzerrten Kommunikationsstrukturen signalisiert die Aufgabe des theoretischen Konzepts objektiver Gesellschaftstheorie. Folge dieser Subjektivierung der gesellschaftlichen Dialektik ist, daß die gesellschaftliche Emanzipation selbst von der Transformation institutionalisierter Herrschaftsstrukturen in institutionellen Formen der Selbstorganisation abgekoppelt wird und diese als in gebrochenen Dialogen und Reflexionsprozessen sich vollziehende Herstellung eines Konsensus begriffen wird. Sowenig gesellschaftliche Emanzipation einfach objektivistisch als Selbstvollzug hinter dem Rücken der Subjekte verstanden werden kann und sosehr die ihrer selbst bewußt gewordene Subjektivität konstitutives Moment der Herstellung richtiger Praxis ist, so wenig kann dieser Prozeß ohne Bezug zur Veränderung strukturell-institutioneller Verhältnisse gedacht werden. Dem objektivistischen Selbstvollzug entspricht als schlechte Umkehrung die von den objektiven Strukturen abstrahierende subjektive, dialogische Selbstherstellung. Als Konstitutionstheorie des Psychischen hätte die psychoanalytische Theorie den Primat gesellschaftsstruktureller Momente ebenso zu beachten wie einzusehen, daß sie von sich aus, aus ihrem Erfahrungsfeld und seiner theoretischen Bearbeitung heraus, jenen Bereich vergegenständlichter und verselbständigter Institutionen, der sich zudem nicht mit den Produktionsverhältnissen in der Marxschen Theorie deckt, sondern über diese hinausreicht, nicht aufhellen kann. Sie kann aber im Kontext mit kritischer Gesellschaftstheorie Genese, Formen, Inhalte und Funktionen der durch gesellschaftliche Institutionen vermittelten psychischen Sachverhalte bestimmen. Gleichwohl kommt der psychoanalytischen Theorie Signalfunktion zu: Sie zeigt, wenn man sie nicht als unhistorische und universalistische Verhaltenstheorie mißversteht, die Differenz von Gesellschaft und Subjekt an. Adorno hat dies so ausgedrückt, daß sich im Unbewußten sedimentiert, „was immer im Subjekt nicht mitkommt, was die Zeche von Fortschritt und Aufklärung zu bezahlen hat“[31]. Da die Psychoanalyse an den historischen Charakter der von ihr entdeckten Phänomene gebunden ist, ist sie selbst historische Theorie.

Habermas verwechselt das Konstituierte mit den Konstituenzien, darum bläht er die in der therapeutischen Kommunikation stattfindende Korrektur zerstörter Lebensgeschichte zum Modell gesamtgesellschaftlicher Emanzipation auf. Obgleich gesellschaftliche Prozesse *zureichend* ohne die Klärung sozialpsychischer Konstellationen nicht verstanden werden können, so kann die strukturelle Emanzipation der Gesellschaft als Rückführung der verselbständigten Totalität in praktische Diskurse der Selbstbestimmung nicht in Begriffen und Denkfiguren gedacht werden, die der psychotherapeutischen Szene entstammen. Habermas stülpt der psychotherapeutischen Interaktion ein transzendentales Schema über, das er dann wieder auf gesellschaftliche Kommunikationsprozesse rücküberträgt. Um die analytische Diagnostizierbarkeit verzerrter pathogener Kommunikation begründen zu können, setzt Habermas nicht an dem empirisch Negativen, dem Leiden – dessen Aufhebung einen Schritt zur Freiheit darstellt – an, sondern er bringt ein abstraktes Argumentationsverfahren auf, das auf dem Vorgriff eines Wahren und Unverzerrten beruht, der eine Unterscheidung von zwanghafter und zwangloser Kommunikation möglich machen soll. Dieser Vorgriff zentriert sich um „die Idee der Wahrheit, die sich am wahren Konsensus bemißt“[32] und impliziert die Vorstellung des wahren Lebens. Dieser Vorgriff schließt eine zu realisierende Lebensform ein und scheint durch dialogische Verständigung hindurch: „Erst die formale Vorwegnahme des idealisierten Gesprächs als einer in Zukunft zu realisierenden Lebensform garantiert das letzte tragende kontrafaktische Einverständnis, das uns vorgängig verbindet und an dem jedes faktische Einverständnis, wenn es ein falsches ist, als falsches Bewußtsein kritisiert werden kann.“[33]

Wenn wir uns vergegenwärtigen, daß jede Kommunikationssituation auf Verständigung abzielt und gleichwohl in den universalen Verblendungszusammenhang getaucht ist, erscheint es nahezu unmöglich, theoretisch ein Positives und Wahres zu unterstellen, das aus diesem Dilemma abgekoppelt ist und gewissermaßen einen archimedischen Punkt darstellt, von dem aus richtiger und falscher Konsensus zu unterscheiden ist. Habermas selbst rechnet mit Kommunikationsverhältnissen, deren Gewalt „durch den objektiven Schein der Gewaltlosigkeit eines pseudokommunikativen Einverständnisses“[34] Permanenz gewinnt, und hält diesen die universale und herrschaftsfreie Verständigung entgegen, die grundsätzlich eine Unterscheidung von dogmatischer Anerkennung und wahrem Konsensus zu treffen vermag.[35] Kritische Theorie ist ohne Antizipation dessen, was anders wäre als das Bestehende, nicht zu denken, nur: die entscheidende Frage ist, ob die transzendierende Bewegung als immanente Dialektik der Bewegung des Wirklichen begriffen wird oder ob sie von einer transzendentalen Warte aus bestimmt wird, die auf von der empirischen Wirklichkeit abgehobenen Setzungen beruht. Es scheint, als ob Habermas mit der Transzendentalisierung des Emanzipationsproblems in die Abstraktheit des utopischen Sozialismus zurückfällt.

Habermas begreift die Psychoanalyse als „methodisch Selbstreflexion in Anspruch nehmende Wissenschaft"; an ihr entwikkelt er eine Theorie der Metahermeneutik, da die „Metapsychologie ... nur als Metahermeneutik begründet werden"[36] kann. Damit überanstrengt er nicht nur die Möglichkeit der Psychoanalyse, er verwickelt sich auch in innere Widersprüche. Arzt und Patient treten in eine systematisch verzerrte Kommunikation mit dem Ziel, „einen dialogischen Aufklärungsprozeß in Gang zu setzen und den Kranken zur Selbstreflexion anzuleiten"[37]. Die Deformationen, wie sie im Strukturmodell festgehalten werden, können „auf eine Theorie der Abweichungen kommunikativer Kompetenz zurückgeführt werden"[38]. Von der Warte kommunikativer Kompetenz aus sollen sich Formen zwanghaften Verhaltens und zwanglosen Handelns unterscheiden lassen können. Damit wird die kommunikative Kompetenz als Diskursform, als auf dem Wege der bestimmten Negation gewonnene regulative Idee des herrschaftsfreien und unverzerrten Verkehrs der Individuen untereinander, vorausgesetzt. Wenn dieses Konzept vor heimlicher Redogmatisierung geschützt werden soll, dann handelt es sich um einen dialogischen Aufklärungsprozeß, einen diskursiven Weg zu Inhalten, der keine inhaltliche Gewißheit voraussetzen kann, sondern im uneingeschränkten Sinne Selbstherstellung auf dem Wege konsensueller Selbstinterpretation ist. Es stellt sich die Frage, ob die psychotherapeutische Interaktion nach diesem Modell zu begreifen ist oder ob nicht strukturelle Verschiedenheiten zwischen einem emanzipatorischen Diskurs, der mit der Überlegenheit eines Beteiligten nicht zu vereinbaren ist, und der psychotherapeutischen Interaktion existieren, die die Möglichkeiten, einerseits die Psychoanalyse als emanzipatives Paradigma zu verstehen, ebenso eingeschränkt wie Analogiekonstruktionen zunichte macht, welche die gesellschaftliche Emanzipation nach Art der psychoanalytischen Therapie begreifen.

Gegen die Möglichkeit, sich den Prozeß der gesellschaftlichen Emanzipation nach dem Modell der psychoanalytischen Therapie zu denken, sprechen eine Reihe gewichtiger Gründe. Zunächst liegt auch noch eine Überschätzung von kritischer Wissenschaft vor, wenn man vermeint, sie könne unbehindert von den gesellschaftlichen Herrschaftsverhältnissen einen Vorbegriff der von diesen Herrschaftsphänomenen befreiten Lebens- und Gesellschaftsform entfalten. Ihre emanzipatorischen Antizipationen bleiben akademisch und abstrakt verstümmelt. Die Problematik spitzt sich deutlich an der Bestimmung des Theorie-Praxis-Verhältnisses zu. Selbst kritische Gesellschaftstheorie bewegt sich noch im Verblendungszusammenhang und versucht, diesen zu durchbrechen. Insofern verweist die metatheoretische Konstitution von Wissenschaft selbst auf einen Diskurs, der aus ideologisch vernebelten Sphären hinausführen und durch Selbstreflexionsprozesse über das wissenschaftliche Tun Teil der Herstellung richtiger Praxis werden soll. Es wäre vermessen oder naiv zu behaupten, daß dieser Selbstreflexions- und Konstitutionsprozeß der Wissenschaft, der über die sie organisierenden und beschränkenden Systeme hinausführen muß, bereits geleistet ist. Insofern *verweist* die Psychoanalyse eher auf ein emanzipatives Paradigma, als sie es selbst schon adäquat darstellen kann. Die Psychoanalyse hat ebensowohl eine Ahnung von unverzerrter Subjektivität wie sie zugleich eingebunden bleibt in gesellschaftsstrukturellen Schranken, die in jeder Identitätsbildung durchschlagen und die schließlich auch den theoretischen wie praktischen Rahmen der Psychoanalyse begrenzen. Die Psychoanalyse hat – trotz aller Notwendigkeit der Therapie individueller Störungen – keinesfalls einen positiv bestimmbaren Begriff kommunikativer Kompetenz; hier ziehen herrschaftsvermittelte und starre Gesellschaftsstrukturen eine deutliche Grenze. Erst wenn die gesellschaftliche Vermittlung der Deformation individueller Strukturen ins Blickfeld gerückt wird, könnte die Psychoanalyse ihr adäquates metatheoretisches Bewußtsein finden. Dann könnte sie ihre theoretischen und praktischen Aufgaben nicht mehr unpolitisch wahrnehmen. Die Psychoanalyse ist kein „dialogischer Aufklärungsprozeß", wie Habermas behauptet, es sei denn, man entleert den Begriff 'Dialog' und faßt damit auch noch höchst einseitig konstituierte und bestimmte Kommunikationssituationen. Sartre hat im Zusammenhang der Tonbandniederschriften eines Patienten, der sich nach 14jähriger Analyse eines Tages entschloß, sich zum Subjekt der Patient-Arzt-Beziehung zu machen, und den Analytiker in höchste Verwirrung stürzte, gezeigt, wie sehr die therapeutische Interaktion eine einseitig bestimmte Kommunikationsfigur darstellt. Die Umkehrung der Behandlung durch den Patienten macht deutlich, „daß die analytische Beziehung *an sich* gewalttätig ist"[39]. Zumindest muß konstatiert werden, daß es sich nicht im substantiellen Sinne um einen Dialog handelt, sondern daß Momente der Herrschaft wirksam sind im Dienste eines Therapieprozesses. Diese Momente der Herrschaft erstrecken sich von der Entscheidung über die Prognosegünstigkeit, die Anerkennung der Psychoanalyse als therapeutischem Instrument sowie die Akzeptierung der Rolle des Analytikers bis hin zur offen oder verdeckt geforderten Unterwerfung des Patienten unter das Symbolgefüge des Psychotherapeuten. In diesem Symbolsystem, das beileibe nicht abgelöst von der asymmetrischen Gesellschaftskonstitution zu begreifen ist, manifestiert sich die gesellschaftliche Zweckrationalität. Wo dieser Widerspruch nicht reflektiert werden kann, sondern im Zuge der Professionalisierung eskamotiert wird, wird die Psychoanalyse zur Ideologie und in der Tat zum Herrschaftsinstrument. Die psychotherapeutische Kommunikation ist kein Dialog, weil ihr der Symmetriecharakter fehlt, vielmehr ist sie asymmetrisch strukturiert: „Zu einer Suspendierung der Symmetrie-Voraussetzung ist nämlich auch derjenige – der Psychoanalytiker oder der Ideologiekritiker – gezwungen, der ... die Verständigung mit dem Andern, wenn schon im Hinblick auf eine Verbesserung dieser Verständigung, durch eine Methode narrativer Quasi-Erklärung vermittelt. In diesem Fall wird aber die Symmetrie-Voraussetzung der interpersonalen Kommunikation entschieden zugunsten des *Interpreten,* u. d. h. auf Kosten der kommunikativen Kompetenz des partiell zum Objekt der Quasi-Erklärung herabgesetzten Patienten, suspendiert."[40]

Wenn man – wie Habermas in ›Erkenntnis und Interesse‹ – gesellschaftliche Aufklärungsprozesse nach dem Modell der psychotherapeutischen Kommunikation rekonstruiert, dann tritt – angesichts der Verkennung ihrer tatsächlichen Struktur – eine gefährliche Konsequenz hervor, nämlich die Konstruktion eines Supersubjekts des Emanzipationsprozesses. Habermas ist auf die von Giegel u. a.[41] erhobenen Einwände gegen die Übertragung der Psychoanalyse auf gesamtgesellschaftliche Emanzipationsprozesse in einer Einleitung zur Neuausgabe von ›Theorie und Praxis‹ eingegangen. Er hat wohl die Begrenztheit der analogen Rekonstruktion von psychoanalytischer Therapie und gesellschaftlicher Emanzipation gesehen, aber das Modell im Prinzip aufrechterhalten. Habermas konzediert, „daß die strategische Auseinandersetzung zwischen Klassen und die Interaktion zwischen Arzt und Patient nicht dasselbe sind"[42], und grenzt die Gültigkeit des Modells ein: „Dieses Modell ist nur brauchbar, um normativ das Verhältnis zwischen der kommunistischen Partei und den Massen, die sich durch die Partei über ihre eigene Lage aufklären lassen, zu strukturieren."[43] In dieser Formulierung tritt die m. E. unbedenkliche und gewaltsame Auflösung der Aporie von Aufklärungsprozessen zutage. Diese liegt darin, daß theoretische wie praktische Aufklärungsprozesse entweder in der Form, in der sie stattfinden, etwas von dem zu realisieren hätten, worauf sie abzielen, nämlich eine symmetrische Form der Verständigung und Kommunikation, die keinen Interaktionspartner bzw. Klasse zum Objekt macht, die aber inhaltlich offenbleibt oder aber die Form der Vermittlung vernachlässigen oder geringachten und eben dadurch Gefahr laufen, durch die einlinige und einseitig getragene Organisation kompakter Inhalte das zu verraten, worauf sie abzielen: nämlich die Selbstartikulation und Selbstorganisation der Basis in unverzerrten Kommunikationsprozessen. Oder anders: Aufklärende Reflexion ist das Bestehende überschreitende Reflexion; sie muß Vorgriffe tätigen, deren Einlösbarkeit prinzipiell offen ist, die sich rückblickend als gescheitert erweisen können. Vorgriffe haben den hypothetischen Status des Rückblicks der geleisteten Versöhnung auf die Geschichte der Unfreiheit.[44] Daß ihr Status hypothetisch ist, heißt nicht, daß sie unverbindlich sind, wohl aber, daß kein Objektivismus ihre Realisierung verbürgt. In der Notwendigkeit von Vorgriffen und der Unmöglichkeit, über diese anders als hypothetisch, als von Entwürfen zu reden, liegt das Risiko und die Aporie von Aufklärung, die Emanzipation nicht als objektivistischen Eigenlauf der Geschichte betrachtet. Habermas formuliert diese Aporie folgendermaßen: „die vindizierte Überlegenheit der Aufklärer über die noch Aufzuklärenden ist theoretisch unvermeidlich, aber zugleich fiktiv und der Selbstkorrektur bedürftig: in einem Aufklärungsprozeß gibt es nur Beteiligte"[45]. Aufklärung, die diese Aporie nicht von innen, immanent, mit dem Wagnis offener und virtuell scheiternder Prozessualität auflöst, sondern auf dem Wege ihrer Organisation in fixen monologischen Formen die gesellschaftlichen Subjekte zu Adressaten herabsetzt, an denen die Theorie angewandt wird, ist keine. Problematisch ist, wenn die Ebene des als herrschaftsfrei gedachten theoretischen Diskurses von der „Organisation von Aufklärungsprozessen, in denen solche Theorien angewendet werden"[46], unterschieden wird und – auf der Ebene der „Organisation von Aufklärungsprozessen" – ein Überlegenheitsverhältnis der kommunistischen Partei über die aufzuklärenden Massen postuliert wird. Obgleich sich Habermas von der Lösung des Organisationsproblems bei Lukács distanziert, operiert er mit nicht minder problematischen Annahmen, die die Suprematie der Partei sanktionieren und das Problem der organisatorischen und inhaltlichen Selbstorganisation politischer Bewegungen verfehlen. Wenn es in Aufklärungsprozessen nur Beteiligte gibt, die in Diskursen ihre Entwürfe verteidigen und konsensuell zu Geltung bringen, dann kann es auch keine Apriori-Überlegenheit der Partei über die aufzuklärenden Massen geben. Derlei Annahmen und Argumentationen laufen alle in den Holzweg des demokratischen Zentralismus, der die Basis wie die gesellschaftlichen Subjekte nur noch als Anhängsel verselbständigter und mit Herrschaftsmechanismen gepanzerter Politik kennt. Adorno hat dem Problem, um das es hier geht, in anderem Zusammenhang – in einem Aufsatz mit dem Titel ›Kann das Publikum wollen?‹ – eine adäquate Fassung gegeben; „Ich möchte nicht defaitistisch abbrechen vor der Frage, ob das Publikum überhaupt Richtiges wollen kann. Dazu müßte es gebracht werden, *durch sich selbst und gegen sich selbst zugleich.* Die langfristige Bedingung dafür wäre Erziehung, wofern die Zeit bleibt.“[47]

An diesem Punkt läßt sich sowohl die Gemeinsamkeit wie die Verschiedenheit von therapeutischer Operation und emanzipatorischem Diskurs aufzeigen. Beide haben zur Voraussetzung, daß die Selbstbefreiung durch die Subjekte und gegen sie selbst zugleich erfolgt. Im Hinblick auf den therapeutischen Kommunikationsprozeß bezeichnet dies die Voraussetzung einer Analyse schlechthin: daß das konkrete Leiden zu eben der Bewegung des Subjekts gegen sich selbst, gegen die undurchdrungenen Reservate und ihre Dynamik führt. Doch bewegt sich diese Befreiung von unbegriffenen Zwängen nicht in einem offenen Horizont, sondern im systematisch strukturierten Horizont der Therapie. Die Grenzen dieses Horizonts verweisen auf gesellschaftliche Grenzen, die in der Therapie weder zum Thema gemacht noch verändert werden können. Der Analytiker bleibt – darüber haben sich Psychotherapeuten nicht getäuscht – bei aller Solidarität mit dem Patienten auch ein Vertreter des gesellschaftlichen Realitätsprinzips.[48] Das Argument, daß die psychotherapeutischen Operationen selbst deformiert bleiben durch ihren vorgegebenen Bezugsrahmen, könnte nur dann ausgeräumt werden, wenn behauptet wird, daß die Gesellschaft die Versöhnung des Allgemeinen und Besonderen schon geleistet habe und dem gesellschaftlichen

Realitätsprinzip nicht prinzipiell darum zu mißtrauen sei, weil in ihm herrschaftsbestimmte Partikularität sich durchsetzt. Aus der fundamentalen Deformation des Bezugsrahmens der Psychotherapie folgt nun aber beileibe nicht, daß auf individuelle Therapie zu verzichten wäre; ein derartiger Schluß ginge ganz zu Lasten der beschädigten Subjekte und würde die gesellschaftliche Emanzipation keinesfalls voranbringen. Wichtig ist jedoch, daß dieses deformierende Moment auf der Ebene der psychoanalytischen Theorie aufgegriffen und die gescheiterte Beziehung von Objekt und Subjekt konsequent durchdacht wird. Wo dieses negative Moment im Konstitutionsprozeß von Gesellschaft und im Strukturierungsprozeß von Subjektivität unterschlagen wird,wird Psychoanalyse zur Ideologie.

In emanzipatorischen Diskursen stellen die gesellschaftlichen Subjekte in Interaktionsprozessen und Prozessen der Selbstorganisation ihr gesellschaftliches Leben selbst her. Die Bewegung des „subjektiven Faktors" erfolgt durch die Subjekte und gegen sie selbst zugleich. Dieser Prozeß ist grundsätzlich von der therapeutischen Operation verschieden. Dieser Prozeß der sich aus Zusammenhängen verzerrter Kommunikation herausarbeitenden und hinausführenden konsensuellen Selbstherstellung ist mit jeder Art vorgegebener Grenzen unvereinbar. Diskurse zielen darauf ab, die negativen Konstanten des Konstitutionsprozesses von Gesellschaft aufzulösen und die Probleme des gesellschaftlichen Lebensprozesses intersubjektiv zu lösen. Sie sind nach vorne offen und mit der Fiktion eines gesellschaftlichen Supersubjekts, von dem aus der Aufklärungs- und Herstellungsprozeß erfolgt, schlechterdings nicht vereinbar. Insofern sind sie grundlegend verschieden von der therapeutischen Interaktion. Die inhaltliche Veränderung von Gesellschaft wird im Diskurs auf der Formebene gelöst: Sie ist nicht nur eine Kommunikationsform, sondern zugleich eine Lebensform, in der kein Subjekt mehr zum Objekt eines anderen werden darf und nicht länger mehr eine verselbständigte Objektivität die Subjekte unter sich begräbt. Zu klären bleibt freilich der Zusammenhang von Diskurs und Organisation, d. h. von Prozessen der herrschaftsfreien Selbstinterpretation und von Selbststeuerungsprozessen auf den verschiedenen Ebenen des Gesamtsystems und der Subsysteme. Zu klären ist auch das Movens des emanzipierenden Diskurses, der in sich schon die Bewegung zur Freiheit, zur freien Verständigung voraussetzen muß, wenn nicht die verzerrte Kommunikation noch einmal und immer wieder sich reproduziert. Der Diskurs ist also weder ein Automatismus noch eine Verständigungsform, die sich einrichten läßt, er muß sich vielmehr aus dem beschädigten Leben der Subjekte heraus entwickeln. An der Schwelle des sich herstellenden Diskurses müssen die gesellschaftlichen Subjekte ihrer Beschädigung innewerden; im Diskurs artikuliert und formt sich das Interesse der Selbstbefreiung unterdrückter Subjekte. In diesem Sinne ist der Diskurs – und insbesondere der scheiternde, aber nicht der als endgültig gescheitert liegengelassene Diskurs – der Drehpunkt von Unfreiheit zur Freiheit. Insofern ist der Diskurs weder ein unverbindlicher Vorgriff noch das sichere Versprechen auf Freiheit; er ist die sich in der Realisierung herstellende Kommunikationsform, die in Potentialen des Leidens und ihren sprengenden Tendenzen gründet. Er entspringt ebensowohl der Empirie, wie er diese überschreitet. Mit einiger Schärfe läßt sich der Diskurs gegenüber institutionellen Gewaltverhältnissen der einseitigen Kommunikation abgrenzen, die ihn zum bloßen Schein denaturieren. In derartigen institutionellen Verhältnissen, die in ihrer Form bereits jede wirkliche intersubjektive Verständigung drastisch einschränken, wird der Dialog scheinhaft als Legitimationsinstrument inszeniert. Demgegenüber ist festzuhalten, daß die dialogische Herstellung mit institutionellen Gewaltverhältnissen und inhaltlich feststehenden Positionen schlechthin unvereinbar ist.

Deutlich wird nunmehr, daß aufgrund struktureller Verschiedenheiten der emanzipierende Diskurs nicht nach dem Modell der therapeutischen Operation gedacht und von dieser her begründet werden kann. Umgekehrt läßt sich die psychotherapeutische Interaktion wohl als diskursähnliche Form, die aber unter restriktiven Bedingungen stattfindet, denken. Sie bleibt aber durch vorgegebene Konstanten, die im herrschaftsbestimmten Konstitutionsprozeß von Gesellschaft gründen, eingeschränkt. Wenn das substantielle Moment, das sich mit dem Diskursmodell als der sich selbst herstellenden Form der gesellschaftlichen Selbstbefreiung verbindet, bewahrt werden soll, sind die unterschiedlichen Ebenen strikt zu trennen und auseinanderzuhalten. Damit verbieten sich Analogieschlüsse, wie sie Habermas vollzogen hat, ebenso wie Versuche, die Psychoanalyse zum emanzipativen Paradigma zu stilisieren. Allein in einer Betrachtung, welche die Grenze der psychotherapeutischen Operation angibt, erhält sich das emanzipatorische Moment des Diskurses, der nicht vorab seiner entscheidenden Möglichkeit, den Weg zur unvordenklichen Selbstkonstitution des gesellschaftlichen Lebensprozesses aufzuzeigen, beraubt wird.

9. PROBLEME DER THERAPIEGESELLSCHAFT: PATIENT OHNE RECHT?

Die Asymmetrie der analytischen Situation und die Rechte der Patienten

Die Psychoanalyse ist mittlerweile als Heilverfahren anerkannt, was zu periodisch aufflackernden Diskussionen über Sinn und Unsinn der psychoanalytischen Therapie führt. Diese Anerkennung der Psychoanalyse als Heilverfahren findet ihren sichtbaren Ausdruck darin, daß seit 1971 die kassenärztlichen Vereinigungen unter bestimmten, festgelegten Umständen die Kosten für „tiefenpsychologisch fundierte" und „analytische Psychotherapie", also für „ätiologisch fundierte Psychotherapie" übernehmen, „welche die unbewußte Psychodynamik neurotischer Störungen mit psychischer und/oder somatischer Symptomatik zum Gegenstand der Behandlung machen"[1]. Damit bleibt ein bestimmter Kreis psychisch-somatischer Störungen im weiten Spektrum zwischen Neurose und Psychose, die nach dem Stand der heutigen Therapietheorie durchaus Behandlungserfolge erwarten lassen, aus der Kostenübernahme für therapeutische Behandlungen ausgeschlossen. Eine solche Unterscheidung ist nicht ohne Probleme, soll aber hier nicht das Thema sein. Die Leistungspflicht der kassenärztlichen Vereinigungen bemißt sich nach der Prüfung der „Wirtschaftlichkeit und Zweckmäßigkeit der Behandlungsweise"[2]. Mit dieser Übernahme der Kosten für psychotherapeutische Behandlung durch die Pflichtkrankenkassen vollzieht sich eine Öffnung der Zugangswege zur Therapie für soziale Schichten, die aufgrund ihrer ökonomischen Situation in früheren Zeiten so gut wie keinen Zugang zur Psychotherapie hatten. Freilich bleiben noch unabsehbar lange Barrieren, die in Vorurteilen und Hemmschranken mannigfacher Art gründen.

Mit der Ausweitung der psychoanalytischen Behandlungspraxis treten verstärkt Probleme ins Blickfeld, die von den Anfängen der Psychoanalyse an existierten, aber nicht genug reflektiert wurden. Es geht um die Frage der Erfolgs- bzw. Mißerfolgskontrolle in der Psychotherapie, um das Problem scheiternder

Psychoanalysen, um therapieinduzierte seelische Schäden, um Appellationschancen und Rehabilitationsmöglichkeiten für Therapiegeschädigte oder von der Therapie in ihren Hoffnungen schwer Enttäuschte. Diese Fragen lassen sich angesichts der wachsenden Ausweitung tiefenpsychologischer und analytischer Therapien nicht mehr abweisen. Es liegt auf der Hand, daß Psychoanalytiker keine besondere Neigung haben, die Frage zu diskutieren, wie geschädigten Analysanden geholfen werden kann.

Die Psychoanalyse ist ein diffiziles therapeutisches Instrumentarium: Die Heilung, d.h. die Behebung mehr oder minder gravierender psychisch-somatischer Störungen, vollzieht sich auf dem Wege eines Kommunikationsprozesses zwischen Therapeut und Patient. Eine entscheidende Rolle spielen dabei die sogenannten „Übertragungsprozesse“, das heißt, der Patient überträgt auf den Therapeuten seine gestörten Kommunikationsmuster, wiederholt alte lebensgeschichtliche Konflikte und kann im Laufe der Analyse die Übertragungsphänomene mit fortschreitender Bewußtheit wieder erleben, durchdringen und verändern. Die Therapie neurotischer Störungen sieht ihr Ziel darin, unbewußte Widerstände aufzulösen, die durch Verdrängung gebundene Energie freizusetzen und dem Ich verfügbar zu machen und den Bereich der Handlungsmöglichkeiten zu erweitern. Störungen im analytischen Prozeß sind denkbar und möglich. Schon Freud hat dies in aller Klarheit gesehen: Schädigungen seien möglich, wenn „die Analyse ungeschickt gemacht, oder wenn sie mittendrin abgebrochen wird“[3]. Auch Möglichkeiten des Mißbrauchs hat er nicht ausgeschlossen, „zumal die Übertragung ... ein gefährliches Mittel in den Händen eines nichtgewissenhaften Arztes“[4] sein könne. Aber diese Möglichkeit wohne allen ärztlichen Instrumenten inne: Ein Messer, das, so Freud, nicht schneide, könne auch nicht zur Heilung dienen, jedoch hat sich Freud mit Entschiedenheit dagegen gewandt, daß die allen schweren Neurosen immanenten, z.T. sehr destruktiven Ablaufdynamiken per se der Psychoanalyse zur Last gelegt werden. Damit stellt sich das schwierige Problem, die eigendynamischen Störungen und Verschlechterungen des Gesundheitszustandes des Patienten von therapieinduzierten Schädigungen abzugrenzen. Wenngleich eine solche Unterscheidung in nur wenigen Fällen gelingen wird, so muß doch zunächst einmal festgehalten werden, daß es solche durch die Psychoanalyse – und das heißt natürlich: den Psychoanalytiker – bewirkte Schädigungen gibt. Es gibt also auch das *Problem des Kunstfehlers in der Psychoanalyse*, dem sich die „institutionelle" Psychoanalyse bislang nicht gestellt hat.

Psychoanalysen können scheitern. Sie können aus den verschiedenartigsten Gründen scheitern. Das Faktum scheiternder Psychoanalysen scheint für die Profession der Analytiker ein derart einschneidendes traumatisches Ereignis zu sein, auf das nicht anders als mit Verleugnung reagiert werden kann. Eine Weise dieser Verleugnung kann die „endlose Analyse" (T. Moser[5]) sein. Hier verweigert sich der Analytiker die Einsicht, daß die analytischen Möglichkeiten sich erschöpft haben, die Analyse stagniert, Fortschritte nicht zu erzielen sind. Eine solche Einsicht tangiert nämlich beide, den Analytiker sowohl wie den Patienten. Je länger stagnierende Analysen laufen, um so schwieriger dürfte es sein, sich den gemeinsamen Mißerfolg einzugestehen. Der Patient kommt an die heikle Frage, ob er überhaupt analysierbar sei, der Therapeut muß um seine professionelle Kompetenz fürchten. Vielleicht haben beide eine falsche Wahl getroffen – und es ist hier wie in anderen Bereichen des sozialen Lebens schwer, sich so etwas einzugestehen. Bricht der Analysand die Analyse doch ab – muß er sie abbrechen, weil die Krankenkasse nicht mehr zahlt und eigene Geldmittel nicht zur Verfügung stehen –, dann ist er zunächst enttäuscht, und er wird, um die letzten Reste seines Selbstvertrauens nicht zu verlieren, den Analytiker anklagen. Dieser freilich macht es nicht anders, er wälzt alle 'Schuld' von sich ab und pathologisiert den Patienten – und kann ihm oft genug nichts anderes empfehlen als die unendliche Analyse. Gerade die aus vielfältigen Gründen scheiternden Psychoanalysen legen es nahe, die Fiktionen, Risiken, das Problem der Verantwortung im psychoanalytischen Prozeß genauer auszuleuchten. Dabei wird auch zu fragen sein: Was kann ein Nicht-mehr-Analysand, der sich geschädigt fühlt, sich durch das Hinhalten und Festhalten in einer stagnierenden analytischen Beziehung geschädigt fühlen kann, tun? Welche Informations- und Interventionsmöglichkeiten hat er? Ist er ein Patient mit Rechten oder ein Patient ohne Recht? Gibt es einen Ort, wo er wirkungsvoll sein Aufbegehren dokumentieren kann, wo seine Argumente gehört und geprüft werden? Hat er überhaupt eine andere Chance als seine Enttäuschung und seinen Groll im günstigsten Falle literarisch zu verarbeiten, wie es etwa Dörte von Drigalski in ihrem

Buch ›Blumen auf Granit‹[6] getan hat? Bleibt einer, der dies nicht kann, allein und verbittert zurück, ein zweites Mal geschädigt? Ein zweites Mal geschädigt durch den fehlgeschlagenen Versuch, die lebensgeschichtlichen Beschädigungen zu verarbeiten und zu überwinden?

Erinnert sei hier an einen ebenso skurrilen wie traurigen Fall, an die von Jean-Paul Sartre unter dem Titel ›Der Narr mit dem Tonband oder Die psychoanalysierte Psychoanalyse‹[7] veröffentlichte und kommentierte Tonbandnachschrift einer wahren Begebenheit: Ein Mann, der im Alter von 14 seine Psychoanalyse begann, sie nach mehreren Unterbrechungen im Alter von 28 gegen den Willen des Analytikers abbricht, erzwingt drei Jahre später einen 'Dialog' mit dem Analytiker, der in einen komischen und doch ganz ernst zu nehmenden Schwank ausmündet, an dessen Ende der Analytiker die Polizei ruft. Traurig ist, daß erst jetzt der Ex-Analysand das sagen kann, was er immer schon sagen wollte, und traurig ist auf der Seite des Analytikers die Tatsache, daß er seinen Gesprächspartner nicht ernst nimmt.

Eine aufschlußreiche Passage dieses 'Dialogs' lautet[8]:

Dr. X.: Sie können ruhig weiterreden. Ich werde nichts reden ...
A.: Gut, ich werde reden. Wir nehmen es [das Gespräch – B. W. R.] auf. Ich lasse auch Ihnen eine Kopie machen, wenn Sie wollen. Das müßte Sie eigentlich interessieren ... Ich hoffe es für Sie. Gut ... also darauf kann man niemand heilen (zeigt auf die Couch), das ist unmöglich. Und Sie selbst sind nicht geheilt, weil Sie zu viele Jahre darauf verbracht haben. Sie wagen nicht, den Leuten ins Gesicht zu schauen. Sie haben vorhin davon gesprochen, daß ich ‚meinen Phantasien' ins Gesicht schauen muß. Aber Sie selbst haben mich gezwungen, Ihnen den Rücken zuzuwenden. So kann man Leute nicht heilen. Das ist unmöglich. Mit anderen leben, heißt ihnen ins Gesicht schauen. Was soll ich daraus lernen? Sie haben mir im Gegenteil die Freude vertrieben, ein Leben mit den anderen zu versuchen, einer Sache direkt gegenüberzutreten.

Sartre, der sich in seiner Kommentierung als kritischer Weggefährte der Psychoanalyse bezeichnet, charakterisiert die analytische Beziehung als „*an sich* gewalttätig"[9]. Diese Gewalttätigkeit, die die Psychoanalyse mit allen Sozialbeziehungen teilt, die asymmetrisch strukturiert sind, nicht in einem Konsensus gründen, sondern im Diktat und beanspruchten Deutungsmonopol einer Seite, tritt dann besonders stark hervor, wenn die Beziehung scheitert. Dann konturieren sich die „Dispositive der Macht"[10], wir begegnen einem Therapeuten, dem die Empathie für 'seinen' Patienten verlorengeht. Auf der anderen Seite steht ein enttäuschter *Patient ohne Recht,* ohne Informationsrecht, ohne Appellationschancen und natürlich auch ohne Gericht, denn die diffizilen Verwicklungen, um die es hier geht, fallen durch die groben Maschen juristischer Beweiswürdigung hindurch. Und auch psychologisch ist der Ex-Analysand in einer schlechten Lage: Was immer er zu seiner Verteidigung und Rehabilitation vorbringt, wird im scharfen psychologischen Blick der Profession, der sich vorzugsweise immer auf andere richtet, gegen ihn ausgelegt werden. Er befindet sich in einer aussichtslosen Situation, in der ihm allein der Rat und Beistand der Freunde helfen wird. Hier begegnen wir in einem sehr konkreten Sinne der Macht der Psychoanalyse, die sich in ihrem praktischen Tun, solange es sich nicht um handfest nachweisbare Verführungen handelt, in einem nahezu unkontrollierbaren Raum bewegt.

Wenn man sich darum bemüht, den Begriff des Kunstfehlers auf die Psychotherapie zu übertragen, tun sich nicht unbeträchtliche Schwierigkeiten auf. Viel weniger als im Bereich der naturwissenschaftlichen Medizin läßt sich überhaupt die Sachlage eindeutig ausmachen: Sie entzieht sich ja gerade aufgrund der Eigentümlichkeit des therapeutischen 'Gegenstandes' einer Objektivierung nach naturwissenschaftlichem Vorbild. So kann es dahin kommen, daß Behauptung gegen Behauptung steht. Und wie soll ein seelischer Schaden einer sicheren Beurteilung zugänglich sein? Methodisch schier unlösbare Probleme tun sich auf. Der Schweizer Psychiater Kind hat die Problematik folgendermaßen formuliert: „Welches die anerkannten Regeln der Heilkunde im allgemeinen und der Psychotherapie im besonderen sind, kann nicht von den Juristen entschieden werden. Jedoch geben sie allgemeine Richtlinien. Es ist aber nicht Sache der Gerichte, Methodenstreitigkeiten zu entscheiden. Grundsätzlich haben die von der Mehrzahl der Wissenschaftler anerkannten Regeln keine Vorzugsstellung vor dem Außenseiterverfahren (O. Pribilla). Jedoch muß der Arzt, der eigene Wege geht und sich nicht an die herrschenden Methoden hält, größere Vorsicht walten lassen und auch an entfernte Möglichkeiten einer Schädigung des Patienten denken. Also: Je unkonventioneller das Vorgehen, um so größer die allgemeine Sorgfaltspflicht. In einem deutschen Sammelwerk über die juristische Problematik in der Medizin sagt der Gerichtsmediziner O. Pribilla: ‚Richtschnur für den Arzt kann nur sein, daß immer dann, wenn er von bewährten Methoden abweichen will, die Gründe rational und einsehbar sein müssen, so daß sie auch ein Beurteilter, den sie nicht zu überzeugen vermögen, ernst nehmen kann'."[11]

Wir haben es hier mit einer Problematik zu tun, deren Eigentümlichkeit die Unbestimmbarkeit ist: Es ist nicht eindeutig auszumachen, was ein Kunstfehler ist, zumindest wird sich das, was ein Kunstfehler sein könnte, nur mit einiger Unschärfe definieren lassen. Jedenfalls kann zunächst von dem Dilemma ausgegangen werden: Es gibt Kunstfehler in der Psychotherapie, aber es ist schwierig, die Kunstfehler genau zu benennen. Noch schwieriger ist es, die Kunstfehler nachzuweisen, weil objektivierbare Informationen in der Regel fehlen. Kind hat die Frage, was ein Kunstfehler ist, nicht beantworten können. Er hat sich aber dem Problem dadurch genähert, daß er sich die anerkannten Regeln der Psychotherapie, wie Verantwortung, Sorgfaltspflicht, Abwesenheit persönlicher Motive, vergegenwärtigt hat. Kasuistisch kommt man vielleicht eher weiter. Eindeutig ist die Sachlage, wenn ein Therapeut wiederholt seine Patientin geschlagen hat oder wenn ein Therapeut sexuelle Handlungen mit jugendlichen Patienten vollzieht. In allen Fällen, die nicht so eindeutig sind, kehrt unser Grundproblem wieder, das Kind folgendermaßen formuliert: „Man sieht sofort, wie schwierig der rechtsgenügende Nachweis anderer, weniger spektakulärer Schädigungen des Patienten sein muß, z. B. die Chronifizierung einer Neurose durch unsachgemäße Psychotherapie, was theoretisch denkbar ist und in der Praxis wohl auch vorkommt."[12] Hier versagt eine eindeutige Definition dessen, was ein Kunstfehler in der Psychotherapie ist. Die Frage ist, ob dem Problem durch andere Verfahren beizukommen ist als durch die exakte Definition von 'Kunstfehler'.

Gerichtsverfahren, die von sich geschädigt fühlenden Ex-Analysanden angestrengt wurden, sind in den von Kind angeführten Fällen aufgrund der schwierigen, kaum ojektivierbaren Beweislage zum Scheitern verurteilt. Damit allerdings ist das Problem, um das es hier geht, bei einer Behandlungswissenschaft wie der Psychoanalyse, deren Kapital Empathie, Sensibilität und Solidarität ist, beileibe nicht beseitigt. Es verwandelt sich aus einem juristischen in ein psychosoziales und hier vor allem ein moralisches Problem. Die Moral der Psychoanalyse als Profession dürfte daran zu messen sein, ob sie dieses Problem allgemein und im Einzelfall zu lösen imstande ist. Die Tatsache, daß eine solche professionelle Selbstkontrolle nicht existiert, verweist auf ein Vakuum im professionellen Gefüge und im Problembewußtsein der Psychotherapie. Sie verweist darauf, daß die verschiedenen Zweige der Psychotherapie sich in ihren je vorwaltenden Deutungsmustern und Behandlungstechniken sicher fühlen – zu sicher. Und in dieser Haltung dokumentiert sich durchaus so etwas wie die Arroganz der Macht, denn Macht definiert sich u. a. auch durch die Weigerung, sich mit den Diskrepanzen, Diskontinuitäten, Unzulänglichkeiten in Handlungskontexten auseinanderzusetzen.

Wer sich durch einen therapeutischen Prozeß geschädigt fühlt, wer nach langen Jahren auf der Couch Rechenschaft über Erfolg und vor allem Mißerfolg verlangt, wer all dies zum Thema machen will, braucht Informationen, müßte Einsicht in Gutachten und Protokolle nehmen können. Nach der Lage der Rechtsprechung erfährt sich der Patient, der sich um Einsicht in seine Krankenunterlagen bemüht, als *Patient ohne Recht.*

Der Bundesgerichtshof als richterliche Letztinstanz in dieser Frage hat am 23. 11. 1982 die Klage eines Patienten, dem durch Urteil zweier Vorinstanzen das Einsichtsrecht in Krankenunterlagen gewährt worden war, abgelehnt.[13] Das Urteil bezieht sich auf eine psychiatrische Behandlung, diskutiert aber auch im weiteren Sinne psychotherapeutische Fragen. Da es mittlerweile herangezogen wird, um Informationsbegehren im psychotherapeutischen, auch psychoanalytischen Bereich abzuwehren, hat es einen grundsätzlichen Stellenwert, was das *Einsichtsrecht in Psychotherapien* betrifft. Darum soll auch die z. T. kontroverse Vorgeschichte beleuchtet werden.

Der Kläger, der in der Psychiatrischen Klinik der Freien Universität Berlin behandelt worden war, bemühte sich um Einsichtnahme in die Krankenhausunterlagen, weil er die Informationen in seiner Dissertation verarbeiten wollte. Er wollte darüber hinaus seine „Erkrankung“ aufarbeiten und sein individuelles Leiden als allgemeines im Rahmen gesellschaftlicher Determination erklären. Angehörige des Patienten sowie die behandelnden Ärzte hatten sich mit dem Vorhaben des Klägers einverstanden erklärt.

Das Berliner Kammergericht, als 2. Instanz, billigte dem Kläger, entgegen dem Vortrag der Freien Universität Berlin, das Lesen der Akten sei „therapeutisch unvertretbar“[14], ein solches Einsichtsrecht zu. Gegen das Argument einer eventuellen Selbstschädigung führte das Gericht in der Urteilsbegründung folgendes aus: „Ebenso wie der Patient die Behandlung trotz Hinweises auf die Folgen einer Nichtbehandlung ablehnen darf, also die Freiheit hat, sich insoweit selbst zu schädigen, muß ihm auch die Freiheit und das Recht zustehen, sich durch Kenntnisnahme von der Wahrheit zu schädigen.“[15] Ernst Klee, Autor des ›Psychiatriereports‹, schrieb zum Problem der Akteneinsicht: „Es besteht der Verdacht, daß das Wohl des Patienten nicht immer im Vordergrund steht, wenn Akteneinsicht verwehrt wird. Denn vielen Akten läßt sich wohl entnehmen, wie oft der Kranke Stuhlgang hatte, aber die Aufhellung seiner psycho-sozialen Schwierigkeiten bleibt dürftig.“[16] Eine Gegenposition zu dem Urteil vertraten die Psychiatrie-Professoren H. Kindt und C. Haring. Sie brachten das Schutzargument hervor und wiesen darauf hin, daß der Arzt des „Recht behalten [muß], Zeitpunkt und Ausmaß der Information“[17] zu bestimmen. Dabei sollten die dem Patient zur Verfügung stehenden psychischen „Verarbeitungsmöglichkeiten“ Berücksichtigung finden. Vor allem fürchteten Kindt und Haring, daß sich eine „doppelte Buchführung“ der Krankenaufzeichnungen ausbreitet: „Wer wird noch persönliche Angaben aus der Lebensgeschichte dokumentieren wollen, an denen später der Patient oder sein Anwalt Anstoß nehmen könnten. Damit wird aber das Typische und Einmalige des individuellen Schicksals, wie es sich bisher in der biographischen Anamnese und im psychischen Befund widerspiegelt, verlorengehen. Als Folge einer solchen Selbstzensur wird man nur allgemein gehaltene Syndrombeschreibungen finden ... Es wird sich nicht umgehen lassen, daß der Arzt künftig neben dem offiziellen Krankenblatt, das zu führen er verpflichtet ist, private Aufzeichnungen anfertigt, in denen er seine Überlegungen zu Diagnose, Therapie und Prognose festhält. Private Aufzeichnungen nach Art von Tagebuchnotizen sind nicht einklagbar.“[18]

Am Problem des Einsichtsrechtes manifestiert sich ein Problem ganz anderer Größenordnung, nämlich ein *wissenschaftstheoretisches Problem,* die Frage, mit welcher Zuverlässigkeit und Gültigkeit sich diagnostische Aussagen treffen lassen. Wie objektiv ist eine Wissenschaft, die ihre Aussagen in unzugänglichen Tagebuchnotizen einkleiden möchte? Was ist das für eine Wissenschaft vom Menschen, die den Weg in eine Geheimwissenschaft antreten muß? Was hat diese Wissenschaft zu verbergen? Einen Hinweis darauf finden wir in den Ausführungen von Kindt und Haring selbst. Da ist nicht nur die Rede von den Unschärfen der Diagnose, sondern auch von den Bewertungen, die – vor allem, wenn man an ihre Stigmatisierungswirkungen denkt – hochproblematisch sind: „... Psychisches [ist] niemals mit gleicher technischer Präzision zu erfassen ... wie physiologische oder pathophysiologische Meßdaten. Für das Psychopathologische ist die Schwierigkeit noch viel größer, weil die Bewertungskategorie des 'Pathologischen' hinzukommt."[19] Gerade weil die psychiatrischen Diagnosen Stigmatisierungen nach sich ziehen können, weil also das Instrument der Hilfe so einschneidend und folgenreich sein kann, ist es ein Gebot der Humanität, diese Diagnosen gegenüber dem offenzulegen, den sie betreffen und der dies wünscht.

Das Urteil des Berliner Kammergerichts hatte die psychiatrische Fachwelt verunsichert. Da dieses Urteil zur Revision vor dem Bundesgerichtshof zugelassen worden war, entspann sich in der Zwischenzeit eine rege Diskussion, die hier nicht rekonstruiert, nur stichwortartig angedeutet werden soll.

Bemerkenswert ist die Mitteilung der Psychiatrie-Professoren Kindt und Haring, daß sie „keinen Kollegen getroffen [haben], der ein uneingeschränktes Einsichtsrecht in psychiatrische Krankenpapiere für sinnvoll oder gerechtfertigt gehalten hätte"[20]. Anfang des Jahres 1982 gab die Fachgesellschaft, die „Deutsche Gesellschaft für Psychiatrie und Nervenheilkunde", eine grundlegende Stellungnahme ab, die ganz deutlich an die Rechtsprechung adressiert war. Dort tauchen versammelt die Gegenargumente gegen das Einsichtsrecht auf: Der Patient könne in den Krankenunterlagen die „Wahrheit objektiver Befunde" nicht finden und die „Wahrheit subjektiver Angaben selbst nicht angemessen bzw. objektiv interpretieren"[21]. Er könne durch die Kenntnisnahme seines psychischen Zustandes Schaden erleiden. Die Informationen Dritter müßten geschützt werden. Der Arzt werde im Falle eines Einsichtsrechtes seine Aufzeichnungen filtern. Schließlich und endlich: „die vertrauensvolle therapeutische Atmosphäre [werde] in vielen Fällen eingeschränkt, wenn nicht zerstört"[22]. So spricht sich die „Deutsche Gesellschaft für Psychiatrie und Nervenheilkunde" gegen das Einsichts*recht* des Patienten aus und empfiehlt statt dessen die Konsultationsmöglichkeit: „Die dem verständlichen und berechtigten Wunsch nach Information angemessene Vorgehensweise kann darum nur sein, daß der psychisch Kranke auf seinen Wunsch hin eingehend über seine Krankheit von dem behandelnden Psychiater im persönlichen Gespräch informiert wird."[23] An die Stelle eines Rechtes tritt eine informelle Möglichkeit, die vor allem im Konfliktfall keine Lösung darstellt. Gegen diese Stellungnahme hat der Sprecher des Vorstandes der „Deutschen Gesellschaft für soziale Psychiatrie", Pörksen, die Stimme erhoben; er wies vor allem darauf hin, daß alle vorgetragenen Argumente auch gegenteilige Schlußfolgerungen zuließen.[24] So könne beispielsweise das Vertrauen gerade durch die Verweigerung von Informationen zerstört werden. Pörksen sprach sich daher für maximale Informierung der Patienten aus.

Der Bundesgerichtshof hat in seinem Urteil vom 23.11.1982 gegen die Entscheidung der beiden Vorinstanzen die Klage auf Einsichtnahme in die Krankenakten abgewiesen.[25] Das Urteil hat, wie bereits erwähnt, weit über die Psychiatrie hinaus einen exemplarischen Stellenwert. Es wird, weil es ein Grundsatzurteil ist, für unabsehbar lange Zeit *eine Praxis der Geheimhaltung, der Informationsverweigerung im psychotherapeutischen Bereich* strukturieren.

Das Urteil des BGH geht von den allgemein anerkannten Grundsätzen in der neueren Betrachtungsweise aus, der zufolge das Arzt-Patienten-Verhältnis einer Rationalisierung und „Entmythologisierung" im Sinne des „vollen Selbstbestimmungsrechtes" des Patienten unterworfen werden soll.[26] Insofern wird das „grundsätzliche Einsichtsrecht" des Patienten in die Krankenunterlagen anerkannt. Nun kommt das „aber": „Allerdings lägen im Bereich der Psychiatrie besondere Verhältnisse vor, ohne daß aber hier das grundsätzliche Selbstbestimmungsrecht jedenfalls der geschäftsfähigen Patienten eingeschränkt sei."[27] Das hier zitierte Urteil bezieht sich auf ein ähnliches Urteil, in dem das Einsichtsrecht des Patienten anerkannt wurde, aber eingeschränkt wurde auf „physikalisch objektivierte Befunde und Berichte über Behandlungsmaßnahmen wie Operation und Medikation"[28]. Bereits in jener Entscheidung bemerkte der Senat des Bundesgerichtshof, „daß dieses Einsichtsrecht außerhalb der somatischen Behandlung, also insbesondere da, wo, wie in Psychiatrie und Psychotherapie, die für notwendig erachtete Einflußnahme auf die geistig-seelische Person des Patienten den Schwerpunkt des Vertragsgegenstandes und damit der Behandlung bildet, vielfach anderes gelten kann"[29]. In psychotherapeutischen Behandlungsprozessen träten die „subjektiven Beurteilungselemente"[30] des

Arztes in den Vordergrund; daher könne das Einsichtsrecht nicht einseitig am Persönlichkeitsrecht des Klägers ausgerichtet werden. In dem Urteil avanciert der Therapeut oder Arzt zur schutzwürdigen Partei: Klinische Unterlagen über psychiatrische Behandlungen, so heißt es da, würden vorwiegend Aufzeichnungen enthalten, „gegen deren Offenlegung ... durchgreifende Bedenken bestehen können“[31]. Dabei werden wiederholt in der Begründung des Urteils jene subjektiven Elemente herangezogen: Die „Berechtigung ärztlicher Vorbehalte“ ergebe sich aus dem „nicht nur beiläufig möglichen, sondern notwendigen persönlichen Engagement von Arzt und Patient, das in der Psychoanalyse in dem anerkannten Phänomen von Übertragung und Gegenübertragung seine deutliche Ausprägung findet“.[32] Hier werden also die subjektiven Elemente des Therapeuten geschützt, nicht aber die Subjektivität des Patienten, der allemal die schwächere Seite verkörpert. Gerade weil im psychotherapeutischen Bereich subjektive Elemente eine große Rolle spielen, kann eine Regelung nicht befriedigen, die vermeint, der Existenz subjektiver Beurteilungselemente am besten dadurch Rechnung zu tragen, daß die „subjektive“ Praxis des Therapeuten der Nachprüfung entzogen wird. Wer oder was schützt einen sich geschädigt fühlenden Patienten, der sich, um sein Begehren überhaupt angemessen vorzubringen, noch nicht einmal informieren kann? Zwar konzediert das Urteil, daß ein Arzt im Einzelfall, aus „ärztlichem Ermessen“ heraus, in einer eigenverantwortlichen Entscheidung eine solche Einsichtnahme gestatten kann. Aber das kann nicht genügen: Dies sind nicht Rechte von Patienten, sondern großmütige Gesten von Ärzten.

Das Urteil ist ein Urteil der Härte, es stützt den Stärkeren, sichert ihn gegen Nachprüfung und Intervention; Empathie für den Schwachen, möglicherweise Geschädigten ist in dem Urteil nicht zu finden. Das Urteil schreibt im psychiatrisch-psychotherapeutischen Bereich einen Zustand fest, *in dem sich der Patient psychotherapeutischer Behandlungspraxis in einem entscheidenden Punkt als Patient ohne Rechte erfahren muß.*

Dieses Urteil kollidiert auf das schärfste mit dem Humanitätsanspruch der Psychoanalyse, der in der kritischen Solidarität mit dem Patienten besteht. Die Solidarität erfährt ihre Bewährungsprobleme gerade im Grenzfall – im Falle der Trennung, des Abbruches und des Wunsches des Patienten, sich über seine Situation, wozu auch Diagnose und Behandlungsgeschichte gehören, aufzuklären. Das BGH-Urteil vom 23.11.1982 stärkt zweifelsohne die Macht der Psychiatrie und der Psychotherapien verschiedener Provenienz. Besonders für die Psychoanalyse in ihren Varianten wird sich die Frage stellen, ob sie in einer Praxis bedeutungsvoller Geheimniskrämerei ihren befreienden Anspruch aufrechterhalten kann.

Das Urteil könnte auf einen Pyrrhussieg hinauslaufen: Dem Machtzuwachs, der mit der Zementierung des Informationsmonopols einhergeht, stünde langfristig ein Vertrauensschwund gegenüber. Spielt der Psychotherapeut im Konfliktfall seine Macht aus, würden die Psychotherapiekritiken Recht behalten, die die Asymmetrie der analytischen Situation und den Objekt-Status des Patienten in der analytischen Beziehung anprangern.

Mit der Ausbreitung der Therapiegesellschaft mehren sich die Berichte[33] derjenigen, die sich von der Therapie gleich welcher Provenienz nicht nur ge- und enttäuscht, sondern auch geschädigt fühlen. Die Professionen haben auf diese Problematik noch nicht mit entsprechenden Diskussionen reagiert. So könnte das Urteil des Bundesgerichtshofes zu einer Mauer werden, hinter der Psychotherapeuten und Psychoanalytiker ihre uneingestandenen Ängste wirkungsvoll verschanzen können.

10. GESELLSCHAFT UND INNERE NATUR/ THERAPIE UND POLITIK

a) Natur, Gesellschaft, Interferenzen

Die Entstehung der Psychoanalyse als Therapie wie als Theorie am Ende des 19. Jahrhunderts ist ein sinnfälliger Indikator dafür, daß zwischen Kultur und Individuum ein Zwiespalt klafft. Nun kann aus diesem Sachverhalt nicht geschlossen werden, daß es in früheren Zeiten keine genuin psychoanalytischen Tatbestände gegeben hat. Jedoch kann von zwei Annahmen ausgegangen werden: 1. Das 19. Jahrhundert ist im Kontext der neuzeitlichen Reflexivierung des Weltverhältnisses ein besonderes Jahrhundert der reflexiven Durchbrüche: Struktur- und Entwicklungsprozesse im Bereich Natur, Gesellschaft, Bewußtsein und Seele werden theoriereflexiv, d. h., sie werden in spezifischen Theorien ihrer naturwüchsigen Selbstverständlichkeiten entkleidet und systematisch reflektiert. 2. Am Ende des 19. Jahrhunderts eskaliert der Konflikt zwischen Kultur und Individuum aufgrund der autoritären politischen Strukturen und der mit der Industrialisierung sich drastisch zuspitzenden Funktionalisierung und Zweckrationalisierung der menschlichen Außen- und Innenwelt. Die psychoanalytischen Tatbestände verweisen auf ein spezifisches Drama an der Schnittstelle von Individuum und Gesellschaft, das aus der Kollision eben der genannten beiden Bereiche entsteht. In den beschriebenen und erklärten psychoanalytischen Sachverhalten überlagern und kreuzen sich, konfligieren gesellschaftliche und Naturtatsachen. Sie manifestieren eine analytisch so schwer trennbare Einheit, daß es schwierig ist, getrennte Aussagen über beide Bereiche zu machen. Es geht immer zugleich um Natur und Nicht-Natur, also die Formbestimmung der ersten Natur im Horizont gesellschaftlicher Zwecke und Sinnbestimmungen. Umgekehrt gibt es in aller Gesellschaftlichkeit der Phänomene einen nicht gesellschaftlich reduzierbaren Untergrund, in dem die anthropologische Seite hervortritt. Die Sachverhalte Natur und Gesellschaft geraten aufgrund der sich verdichtenden und überspannenden Gesellschaftlichkeit in einen fundamentalen Gegensatz. Das erfordert eine Explikation der beiden Dimensionen.

Wie man es dreht und wendet, es gibt in aller gesellschaftlichen Bestimmtheit des Menschen ein anthropologisches Erbe, das gewissermaßen das Bindeglied oder die Hinterlassenschaft seiner vormenschlichen Geschichte, seiner vorgesellschaftlichen Existenz ist und ihn in den naturgeschichtlichen Kreis aller Lebewesen stellt. Man kann im Rahmen der Anthropologiekritik über alles streiten, alles bestreiten, aber schwerlich dürfte *die* Annahme realistisch sein, daß der Mensch eine Tabula rasa ist, in die die Gesellschaft ihre Sinn- und Zweckbestimmungen widerstandslos einschreiben kann. Der Annahme einer vitalen, in Grenzen eigendynamischen Triebstruktur scheint weniger das christliche Menschenbild, das die Macht des Fleisches kennt, als bestimmte Züge des idealistischen Denkens entgegenzustehen, das gänzlich von der Körperlichkeit des Menschen abstrahiert.

Freud hat dem Trieb aufgrund seiner naturgeschichtlichen Entkoppelung von einem *bestimmten* Objekt Variabilität zugesprochen. Die Triebe, in Freuds erster triebtheoretischer Konzeption handelt es sich um Ich-/Selbsterhaltungstriebe einerseits und Sexualtriebe andererseits, haben trotz individuell je verschiedener Ausprägung einen gemeinsamen Kern: sie sind plastisch, sie sind zu sehr verschiedenen Besetzungen in der Lage.

Aufgrund einer bestimmten gesellschaftlichen Formung, in die makro- und mikrosoziale Parameter eingehen, werden aus Trieben *Triebschicksale*. Triebschicksale sind somit immer ebensowohl kollektive wie individuelle Profile, die viel über die Dialektik von Gesellschaft und Triebstruktur in ihrer makro- und mikrosozialen Dimension aussagen. Plastizität und Verschiebbarkeit der Triebe rangieren bei Freud gleichwohl in einem geschlossenen System, das er sich, thermodynamischem Gesetzesdenken folgend, als Nullsummenspiel vorgestellt hat. Was an einer Stelle zurückgenommen wird, schlägt an einer anderen Stelle, in einer anderen Symptomatik, durch. Nun kann man das geschlossene Energieverteilungssystem durch ein offenes ersetzen und gleichwohl an der Annahme festhalten, daß bestimmte Triebe nicht auf eine Nullinie heruntergefahren werden können, es also einen Kern an Besetzungsvorgängen gibt, der nicht konsequenzlos blockiert werden kann. Freud hat dies im Hinblick auf die Sexualtriebe drastisch ausgedrückt: „Ein gewisses Maß direkter sexueller Befriedigung scheint für die allermeisten Organisationen unerläßlich, und die Versagung dieses individuell variablen Maßes straft sich durch Erscheinungen, die wir infolge ihrer Funktionsschädlichkeit und ihres subjektiven Unlustcharakters zum Kranksein rechnen müssen."[1] Ohne hier auf die Debatten um die beiden triebtheoretischen Konzeptionen, die zweite operiert mit dem Lebens-(Eros) und Todestrieb, einzugehen, scheint es unerläßlich, anthropologische Annahmen zu machen, die der spezifischen menschlichen Situation in der Evolutionsgeschichte Rechnung tragen. Selbsterhaltung, Eros und Aggression können in ihrer Plastizität und diffusen Offenheit als anthropologische Universalien in die Gesellschaftstheorie eingeführt werden, welche einen Teil der notwendigen Annahmen über Antriebspotentiale abdecken. Sie sind der hypothetische und auch empirisch verifizierbare Teil der menschlichen Triebstruktur, die ihre Formbestimmung immer erst in einer bestimmten soziohistorischen Situation erhält und auf allen Stufen dieses Formungs- und Verformungsprozesses mit der gesellschaftlichen Struktur positiv und negativ interferiert. Im Rahmen dieser Formgeschichte erhält das Unbewußte, das möglicherweise bereits als psychische Formation vor aller inhaltlichen Bestimmung eine anthropologische Spezifität des Homo sapiens ist, seine spezifische Dynamik. Das heißt: welche Annahme man auch immer mit dem Unbewußten verbindet als eines Kollektiv-Psychischen oder Präindividuell-Archaischen im Grenzbereich von Soma und Psyche, es gibt stets einen Anteil, der Produkt einer spezifischen gesellschaftlichen Struktur ist. In der Sprache der Psychoanalyse gesprochen: Es handelt sich um Triebrepräsentanzen, die nicht abgeführt werden können, unbewußte Wunschregungen erotischer oder aggressiver Natur, „Wunschökonomien".

Was folgt aus all dem? Auf jeder Stufe der gesellschaftlichen Entwicklung gibt es eine Fülle von strukturellen, aber auch individuell-kontingenten Interferenzen von objektiven und subjektiven Faktoren, formt und formiert sich eine Dialektik aus dem Strukturensemble und dem anthropologischen Potential. Ein Teil der objektiven Faktoren greift selbststeuernd in die vielfältigen natürwüchsigen Interferenzen ein, so etwa im Sinne der Militarisierung der Aggression oder der zeitlichen und sozialen Lizensierung des Eros. Das alles konstituiert einen Zustand, den Freud als „Unbehagen in der Kultur" beschrieben hat; dieser kann als eine aggregierte subjektive Rückmeldung auf die repressive Kultur betrachtet werden. Spitzen sich die negativen Interferenzen dermaßen zu, daß Sozialzustände für viele durch Zunahme hysterischen und anderen psychischen Elends unerträglich werden, stellen sich die Probleme der sozialen Reform, sei es durch Ausbau des Therapiewesens oder aber auch durch die Veränderung des objektiven Rahmens, in dem das psychische Elend sich bildet.

In jeder Neurose steckt, wie Freud oft genug betont hat und wie aporetisch die Dialektik von Gesellschaft und Triebstruktur auch sein mag, eine Anklage gegen die Struktur, ihre Härte und Unmenschlichkeit. Die Neurosen sind immer auch, als Signaturen der Leidens durch und an der Gesellschaft, ein Indikator für die zwischen Gesellschaft und Individuum herrschenden Disruptionen und Diskontinuitäten, die bis zum Ausscheiden des Einzelnen aus den gesellschaftlichen Aktivitäten führen können. Sie enthalten immer auch ein Wahrheitsmoment, das Bataille so formuliert hat: „Der Neurotiker nähert sich dem Grunde des Seins, dem der Normale fremd bleibt."[2]

Exkurs: Antriebsüberschuß, Weltoffenheit, „Zuchtbedürftigkeit" des Menschen

Die scharfe Dialektik von Gesellschaft und Individuum ist in späteren Debatten, die ebenfalls von der starken Eigendynamik anthropologischer Potentiale ausgehen, als virtuelle Konfliktquelle für Mensch und Gesellschaft apostrophiert und mit autoritären politischen Konsequenzen in Verbindung gebracht worden. Gehlen spricht[3] in Rekurs auf Seydel (Bewußtsein als Verhängnis, 1927) vom konstitutionellen Antriebsüberschuß des unspezialisierten Wesens Mensch, für den es instinktartig angepaßte Naturverhältnisse gar nicht gibt und der unter einer großen „virtuellen Innenspannung" steht. Auch aufgrund des nichtperiodischen „Geschlechtsinstinktes" befindet sich der Mensch in einem reizüberfluteten „Überraschungsfeld", das ihn unter einen „Verarbeitungs- und Formierungszwang" stellt, nach einer Art „vegetativen Ordo" verlangend. Aus dem, ähnlich wie in der psychoanalytischen Anthropologie gedachten, Antriebsüberschuß hat Gehlen, dessen Buch ›Der Mensch‹ 1940 erschienen ist, eindeutig faschistische Konsequenzen abgeleitet. Der Mensch ist ein Zuchtwesen, heißt es da, der „Zuchtbilder" braucht, die ihm durch die „germanischen Charakterwerte" des Nationalsozialismus gegeben werden können.[4] Auch in den späteren Ausgaben[5] hat Gehlen seine Auffassung nicht revidiert, obwohl er doch gesehen haben mußte, daß die politische 'Ordnung' ein Chaos so unvorstellbaren Ausmaßes produziert hatte, wovor die „Führungssysteme" gerade schützen sollten. So spricht er weiterhin von der „Zuchtbedürftigkeit" des Menschen aus Gründen des Antriebsüberschusses. Gehlens Argument ist einfach: Der Antriebsüberschuß und die „fürchterliche Natürlichkeit" des Menschen erzwingen die Zucht durch die Institution und die Selbstzucht.

Freud sah wohl die potentielle Gefährdung der Kultur durch gesellschaftlich vorgängige aggressive Triebe („primäre Feindseligkeit"), er sah aber auch, daß die Kultur durch ihre eigene rigide Struktur eine Art selbstinduzierte Kulturfeindschaft hervorbringt. Politisch blieb *er* ambivalent: er schwankte zwischen widerstreitenden Perspektiven, dem Vertrauen auf vorbildliche Figuren und einem vom Primat des Intellekts geleiteten Erfahrungs- und Lernprozeß, der die Dialektik von Kultur und Individuum auf ein erträgliches Maß heruntertransformieren könnte. Die Frage blieb auf diese Weise offen, die Zweifel ungetilgt – anders dagegen Gehlen, der bündige politische Schlüsse zog und den Nationalsozialisten, wie viele Intellektuelle seiner Zeit, die Ideologie zu ihrem Tun lieferte.

Ebenfalls von einem chronischen Energieüberschuß ging Bataille aus und sah in diesem eine Quelle für die Verschwendung, die unproduktive Verausgabung, die Grenzüberschreitung.[6] Marcuse hoffte auf allmähliche „Selbstsublimierung" der Triebe.[7]

Aus der Dialektik von Gesellschaft und Triebstruktur, aus ähnlichen anthropologischen Annahmen können, wie wir sehen, sehr unterschiedliche politische Konsequenzen gezogen werden. Das führt zu der Frage, wie die andere Seite in diesem Konflikt, die Dimension von Herrschaft und Struktur, bestimmt werden kann und welche Konsequenzen daraus im Hinblick für Gesellschaft und Individuum folgen.

b) Produktionsverhältnis, Herrschaft, Struktur

Die Rekonstruktion des gesellschaftlich vermittelten Charakters der psychoanalytischen Tatbestände mittels des historisch-materialistischen Paradigmas hat sich als eine theoretische Sackgasse erwiesen. Zwar hängen viele der psychoanalytischen Tatbestände mit dem Zwangscharakter von Gesellschaft zusammen, doch läßt sich dieser mit der Theorie von Marx nur unzureichend bestimmen. Marx stellte die ökonomische Fundierung von Gesellschaft in den Mittelpunkt seiner Betrachtungen, aber er hat sie überschätzt, indem er alle disparaten Erscheinungsformen sozialer Herrschaft als Epiphänomene eben der ökonomischen Herrschaftsform begriff.

Wir greifen daher zu der Annahme, daß der Herrschaftsbegriff weiter zu fassen ist, daß er auf ein universales und möglicherweise ubiquitäres Phänomen menschlicher Gesellschaftsbildung verweist. Gleichgültig, ob sich die Suche nach Gesellschaften ohne Herrschaft doch noch als aussichtsreich erweist, der strukturelle Regelfall jeder menschlichen Gesellschaft heißt: *Herrschaft.* Diese tritt entweder als Herrschaft des Kollektivs (und oftmals verselbständigter kollektiver Zwänge) über den Einzelnen auf oder als Herrschaft einer Minderheit über die Mehrheit oder einer Mehrheit über das Ganze (und die Minderheit), im günstigsten, jedoch historisch unwahrscheinlichsten Falle als konsenstragende Selbstherrschaft aller über alle. Es ist analytisch sinnvoll und wichtig, die konkrete Formbestimmung sozialer Herrschaft vorzunehmen. Das ändert nichts daran, daß verschiedene Formen sozialer Herrschaft ähnliche Wirkungen auf den Menschen, die Triebstruktur und die Psyche haben. Freud hat diesen universalen Herrschaftsaspekt *der Kultur als solcher* zugeschlagen, indem er die von ihr ausgehenden Allgemeinwirkungen (die Entbehrung, „die alle betreffen“) der Triebunterdrückung diskutierte.

Uno actu entsteht im Prozeß menschlicher Gesellschaftsbildung das *Herrschaftsphänomen und die Struktur,* die mit jenem nicht zusammenfällt, aber auch nicht von ihm zu trennen ist. Ich sage „Struktur“ und nicht „System“, weil in den wenigsten Fällen sich die überindividuellen Strukturen zu geschlossenen oder zumindest konsistenten Systemen zusammenschließen. So erscheint es angemessener von Strukturachsen zu sprechen, die zwar einen dichten Kern haben, aber sowohl gegenüber ihren vielfachen Voraussetzungen wie Wirkungen sehr schnell unkenntlich werden. Wenn auch Strukturen vielfach disparat sind, gibt es doch makro- und mikrosoziale Vermittlungen in den Strukturachsen.

Diese beiden Ebenen, Herrschaft und Struktur, sind nicht psychologisierbar, werden aber stets durch Psychostrukturen (etwa im Sinne des Konzepts des Sozialcharakters) wirksam unterstützt. Das Phänomen Gesellschaft, als Einheit von Struktur und Herrschaft, wirkt auf die Menschen ein, formt ihre Triebstruktur und ihre Psyche und bringt die dramatische Spaltung von Individuum und Gesellschaft hervor. Die an Marx orientierten Psychoanalyserezeptionen der 60er/70er Jahre zentrierten sich um die kapitalistische Herrschaftsform, wie sie der Verfügung über Produktionsmittel entspringt, und vernachlässigten die Strukturdimension, die aus den allgemein formativen und normativen Mustern einer Gesellschaftsformation hervorgeht, den allgemeinen Sozialcharakter und seine dynamischen Eigenheiten und Widersprüchlichkeiten formt (und der sich auf der individuellen Ebene vielfältig differentiell aufsplittert).

Es erscheint daher analytisch ergiebig, auf den theoretischen Antipoden von Marx, auf Durkheim und seine soziologische Konzeption von Gesellschaft, zurückzugreifen, an der sich eine Analyse der widersprüchlichen Einheit von Triebstruktur und Gesellschaft orientieren könnte, ohne vordergründigen historischen Reduktionen des Phänomens zu unterliegen. Dieser Rückgriff auf Durkheim ermöglicht es, die gesellschaftstheoretische Leistung Freuds genauer zu bestimmen. Dabei kamen wir zu einem paradoxen Ergebnis: Freud hatte keinen analytischen Zugang zur strukturellen Eigenart des gesellschaftlichen Phänomens, es stellte sich ihm in unscharfer Weise als Problem der Konstitution von Kultur dar; aber: Freud war, trotz streckenweise ambivalenter Formulierungen, summa summarum ein radikaler Kritiker der bürgerlichen, der modernen, der zweckrationalen (oder welche soziologische Formulierung man auch immer wählen will) Gesellschaft, weitaus radikaler als die meisten linken Freudianer – von Reich und vom frühen Fromm einmal abgesehen. Freud hat die gesellschaftliche Spaltung des Allgemeinen und Individuellen in einer Tiefendimension aufgedeckt und kritisiert, die sich vordergründigen Veränderungsoptionen und ebenso plattem Versöhnungsdenken entzieht. Das war, das ist und das bleibt der Stachel Freud.

c) Zur Aporie der Gesellschaft

Möglicherweise löst Gesellschaft durch ihre eigenen Setzung, durch das, was sie zu Gesellschaft, zu einer Struktur von Norm und Moral macht, einen selbstproduzierten Zirkel aus. Wenn sie sich als Struktur aus amorphen, aber dynamischen Potentialen herauslöst, dann schafft sie durch ihre eigene Gestalt in sich immer auch einen gesellschaftlich produzierten Unterboden, etwas Gegengesellschaftliches, das sich möglicherweise unlösbar mit dem Vorgesellschaftlichen, den diffusen anthropologischen Potentialen verbindet und auch zu etwas Ungesellschaftlichem, etwas Fremdem, Unnennbarem und Unstillbarem, einer Leerstelle wird, aus der Negationen und Überschreitungen kommen, etwas, das Anarchie und Chaos mit sich führt. Gesellschaft würde sich damit in den von ihr selbst gesetzten Strukturen gefangenhalten, destabilisieren. Sie wäre ein unbestimmbares Ungleichgewicht zwischen dem Nicht-mehr-Animalischen, das eben Gesellschaft erzwingt, und dem in den Unterströmungen der nur scheinbar klaren Strukturen Mitgeschleppten und mit gegensätzlicher Dynamik durch sie selbst Geschaffenen, zumindest Verstärkten. Aus diesem Dilemma gibt es keinen Ausweg; solange Gesellschaft Gesellschaft ist, ist sie Struktur, welche die „erste Natur“ domestiziert und lizensiert, an Regeln, Symbole, Konventionen bindet. So gibt es nur ein Streifen in der zur Unterseite offenen Immanenz dieser beiden Pole, ein Abtauchen von den Strukturen in das Vor-/Nicht-/Ungesellschaftliche, eine Bewegung des Austausches, Überganges, des Überschreitens und der Rückkehr in die Strukturen.

d) Therapie und Politik

In jeder menschlichen Gesellschaft tritt das Herrschaft-Struktur-Ensemble mit den anthropologischen Ausstattungen des Menschen in eine je spezifische Interaktion und produziert historische Konstellationen in der Dialektik von Individuum und Gesellschaft. So ist denn auch die Neurose als epochentypische Form des Mißlingens der Vermittlung von Individuum und Gesellschaft selbst eine historische Form. Es sprechen viele Anzeichen dafür, daß tendenziell an die Stelle der Neurose mit ihren Hauptproblemsträngen Angst und Zwang ein gänzlich anderer

Typus psychischer Anfälligkeit tritt, der sich im Horizont der dynamisch-expansiven, permissiven, fortgeschrittenen Industriegesellschaft ausbildet, der Borderline-Typus, der eher strukturschwach ist, ausagiert und dessen Problem eher das Finden von Grenzen als die Grenzüberschreitung ist. Das Beispiel verdeutlicht auch, daß sich die Gesellschaft schneller wandelt als der Diskurs über sie; therapeutischer und emanzipatorischer Diskurs hinken gewissermaßen hinter ihrem Wandel her.

Die psychoanalytische Theorie dechiffriert die je in einer Gesellschaftsformation sich herausbildenden Subjektstrukturen und ihre Leidensgeschichte. Damit stellt sich die Frage nach der politischen Problematik ihrer Erkenntnisse und Aufklärungsstrategien. Als Therapie ist die Psychoanalyse zunächst ein Anwalt des Patienten, aber sie ist zugleich auch ein Anwalt des gesellschaftlichen Realitätsprinzips, das in jeder therapeutischen Situation wirksam wird. Freud hat an die Seite seiner therapeutischen Arbeit eine umfassende Kulturkritik gestellt, deren Ziel eine praktische Veränderung von Gesellschaft war. Das gilt nicht mehr für die institutionelle Psychoanalyse, die ohne Zweifel auch in all ihrer Hilfe, die sie den Patienten angedeihen läßt, reaktionäre Züge trägt. Schon in ihrem eigenen Arbeitsbereich schottet sie sich, wie das Kapitel über die Patienten ohne Rechte zeigte, gegen professionelle Selbstkontrollen ab und schafft einen quasiklerikalen Raum, eine Beichtstuhlsituation, wo die Analytiker sich hinter der Situation und sich selbst verbergen können. Die institutionelle Psychoanalyse überzieht überall dort, wo der revolutionäre Geist entwichen ist, in falschem Universalismus die Gesellschaft mit einer letztlich kontrollierenden Nomenklatur der Normalität und der Abweichungen. Sie wird in dieser Hinsicht eine Institution der sozialen Kontrolle, die zu keinem Ausblick, wie es anders sein könnte, mehr fähig ist. Auf diese Weise ist die Psychoanalyse in der Tat zu einem stumpfen professionellen Instrument verkommen.

Die Therapie schafft im individuellen Falle Abhilfe. Was aber, wenn die individuellen Fälle zu einer Masse von Fällen sich aggregieren, wenn – wie es Freud im ›Unbehagen in der Kultur‹ schwante – möglicherweise die ganze Menschheit unter den Kulturstrebungen neurotisch geworden ist? Freud hat jedenfalls wieder und wieder die Möglichkeit diskutiert, die Psychoanalyse als therapeutisches Instrument im Falle von Gemeinschaftsneurosen auf die ganze Kulturgemeinschaft zu übertragen. Er hat dies in aller Vorsicht und in aller Skepsis getan, so daß eigentlich klar wird, daß dies kein gangbarer Weg ist: „Ich könnte nicht sagen, daß ein solcher Versuch zur Übertragung der Psychoanalyse auf die Kulturgemeinschaft unsinnig oder zur Unfruchtbarkeit verurteilt wäre. Aber man müßte sehr vorsichtig sein, nicht vergessen, daß es sich doch nur um Analogien handelt, und daß es nicht nur bei den Menschen, sondern auch bei den Begriffen gefährlich ist, sie aus der Sphäre zu reißen, in der sie entstanden und entwickelt worden sind. Auch stößt die Diagnose der Gemeinschaftsneurosen auf eine besondere Schwierigkeit. Bei der Einzelneurose dient uns als nächster Anhalt der Kontrast, in dem sich der Kranke von seiner als „normal" angenommenen Umgebung abhebt. Ein solcher Hintergrund entfällt bei einer gleichartig affizierten Masse, er müßte anderswoher geholt werden. Und was die therapeutische Verwendung der Einsicht betrifft, was hülfe die zutreffendste Analyse der sozialen Neurose, da niemand die Autorität besitzt, der Masse die Therapie aufzudrängen?"[8]

Damit sind bereits alle Aporien angesprochen, die die Unmöglichkeit eines solchen Vorgehens kennzeichnen: Nicht nur ist der einzuschlagende Weg prinzipiell ungewiß, da die Psychoanalyse den Patienten nur bis zu der Grenze begleiten kann, „wo die wahre Reise" des Ich (J. Lacan) beginnt,[9] auch die Form einer solchen helfenden Intervention würde in die Anmaßungen vor- und nichtdemokratischer Diskursformen zurückfallen. Nach allen monologischen und unerträglichen Formen der Vergangenheit käme als letztes die priesterliche Herrschaft der Therapeuten.

Auch wenn gegenwärtig die Gesellschaft bereits tendenziell einen solchen Weg nimmt, ein flächendeckendes System von Therapieinstitutionen, seien es solche der Selbsthilfe oder der Staatshilfe (auch bei den Kirchen, deren religiöse Substanz weltgeschichtlich dahinmodert, hat das therapeutische Beratungssystem aus guten und affinen Gründen Konjunktur!), so ist dies, ohne daß damit das Prinzip notwendiger Hilfen bestritten wird, der prinzipiell falsche Weg, das revolutionäre Potential der Psychoanalyse einzulösen.

Ihr Weg geht über die insistente Gesellschaftskritik in einen revolutionierenden Diskurs, dessen Motor die Empörung über die subjekteinschränkenden Wirkungen von Strukturen ist, deren fortschreitende Verselbständigung nachgerade mythologisiert wird, aber auch über die immer noch existierenden ökonomischen und bürokratischen Herrschaftsgruppen, denen das Argument anonymer Strukturen immer zupaß kommt. Dieser Diskurs zielt noch immer auf die Minimierung von Strukturen und Regelungen, auf etwas Anarchisches, Richtungsloses, Selbstproduktives ohne jeden weiteren Telos. Durch ihn könnte noch immer, trotz neuer Problemlagen wie AIDS, die Eigendynamik des Subjektiven im Medium der vorausgesetzten oder zugleich verworfenen Strukturen aufsteigen; ein Reich der Freiheit, nach selbstgesetzten Zwecken, ganz im Marxschen Sinne.

11. PERMISSIVE GESELLSCHAFT – REPRESSIVE ENTSUBLIMIERUNG – SEXUELLE REVOLUTION

Die Debatten der späten 60er, 70er Jahre in Deutschland, vor allem um die Integrierbarkeit von Psychoanalyse und Historischem Materialismus („Sexualität und Klassenkampf“[1], „Neurose und Klassenkampf“[2], „Angst im Kapitalismus“[3] u. a.), haben weder national noch international Spuren hinterlassen. Im Deutschland des 20. Jahrhunderts hat es nach Freud nur zwei Autoren gegeben, die umfassend und wirkungsreich das historische Gesellschafts- und Kultursystem auch und vor allem in seinen negativen Seiten analysierten: Wilhelm Reich und Erich Fromm. Zu nennen ist hier auch die eindrucksvolle Studie von Alexander Mitscherlich zur „vaterlosen Gesellschaft“[4]: Die psychoanalytische Disziplin in Deutschland und die Zunft der Psychoanalytiker, die jene trägt, haben sich, von wenigen Ausnahmen abgesehen, und dazu gehörte auch Mitscherlich, von diesem kulturwissenschaftlichen und -kritischen Erbe verabschiedet. Die gängigen theoretischen Erörterungen sind teils sehr immanent bleibende Reprisen[5], teils Diskussionen von Teilproblemen; sie sind kaum je innovativ, nirgendwo auf das Ganze des gesellschaftlichen Prozesses ausgerichtet. So ist es nicht verwunderlich, daß man in Deutschland im Bereich der psychoanalytischen Diskussion keinen Anschluß an die großen Fragen, die in der internationalen Diskussion eine Rolle spielen, gefunden hat.

In der zweiten Hälfte des 20. Jahrhunderts haben sich in bestimmten Bereichen der westlichen Gesellschaften, vor allem im Bereich der Sexualität und der Erziehung, fundamentale Wandlungsprozesse vollzogen. Zwar ist die Gesellschaft in den staatlichen Kernbereichen (z. B. Justiz, Verwaltung, Polizei) noch immer autoritär strukturiert, noch immer wirkt in religiösen Gruppen die christliche Sexualmoral nach, doch ist sie nicht mehr gesellschaftlich tonangebend. Fromm sagte einmal, die Gesellschaft seiner Zeit, insbesondere die Sexualmoral und das Sexualverhalten, hätte sich in einem Ausmaß geändert, wie Freud es sich niemals hätte vorstellen können. Diese unbestreitbaren Veränderungen, die zwischen einer von unten erkämpften Liberalisierung und einer von oben gesteuerten medial-industriellen Manipulation angesiedelt sind, haben zu neuen sozialen Konfigurationen geführt, auf die in der internationalen Dimension der psychoanalytische Diskurs der Gesellschaft reagiert hat.

Die Grundzüge dieser Entwicklung lassen sich in dreifacher Weise benennen: 1. die Permissivierung der Gesellschaft in den Bereichen Sexualität und Erziehung, 2. die „Entsublimierung“ der Triebe (bei Marcuse heißt es „repressive Entsublimierung“), die vor allem durch die industrielle Vermarktung des Sexus forciert wird, 3. die Herausbildung einer “society of enjoyment”. Diese Kategorie hat eine gewisse Ähnlichkeit mit der von Schulze beschriebenen „Erlebnisgesellschaft“[6], in der das Erleben und alle Elemente, die darin beteiligt sind, zur letzten Sinnstiftung eines transzendental obdachlosen Menschen werden.

a) Permissive Gesellschaft und Psychoanalyse

In Wikipedia heißt es unter dem Stichwort „permissive Gesellschaft“: „**Permissive Society** (engl. „permissive, tolerante, liberale oder duldende Gesellschaft“) ist ein soziologischer Streitbegriff, der ein Gesellschaftsmodell in England in der zweiten Hälfte des 20. Jahrhunderts bezeichnet. Die permissive Society (p. S.) ist eine Gesellschaft maximaler Liberalität mit minimalen Umgangsgrundsätzen.“ Zwar entsteht die permissive Gesellschaft im angloamerikanischen Raum, doch breitet sie sich schnell über die ganze westliche Hemisphäre aus. Die erste Arbeit, die sich mit dieser neuen Qualität des Gesellschaftlichen befaßt, ist die Studie “The permissive Society” des Mediziners Boris Sokoloff (1889–1979) aus dem Jahr 1971. Ohne „Permissivität“ zu definieren, subsumiert Sokoloff alle auffälligen Phänomene der amerikanischen Gesellschaft seit den 60er Jahren unter das “syndrome of permissiveness” und dazu rechnet er: “increase in crime”, “200.000 cases of forcible rape”, “uncontrolled freedom of sex”, “veneral diseases”, “riots on university campuses”, Millionen Marihuana rauchender und andere Narkotika benutzender Jugendlicher. Hinter all dem sieht er die Wirksamkeit eines Lustprinzips (“pleasure-seeking instinct”), das mit revolutionärer Attitüde auftritt. Und über allem steht als überdimensionale Figur Freud, der „Apostel der Permissivität“ (“apostle of permissiveness”). So meint Sokoloff einen Zusammenhang zwischen der “Freudian ethic” und dem “American liberalism" ausmachen zu können, wobei die "permissive movement" durch die Kritik Freuds an der Religion einen besonderen Schub erfährt.

Seit den 60er Jahren sei die Permissivität über die vormals intakte amerikanische Gesellschaft hereingebrochen, vorangetrieben von liberalen Intellektuellen, die sie als „soziale Revolution" propagieren. Als neues Ziel galt die "unrestricted permissiveness in the field of pleasure sensations". Sie habe alle Seiten des amerikanischen Lebens kontaminiert. All dies sei „pathologischer Natur" wie ein schnell wachsender Krebs.

Sokoloff stellt einen kausalen und linearen Zusammenhang zwischen den von ihm herausgestellten Phänomenen und der Permissivierung der Gesellschaft her und macht für all das die Psychoanalyse verantwortlich. Richtig ist vielmehr, daß die Permissivierung in erster Linie aus der Gesellschaft selbst kommt. Die 60er Jahre waren in den westlichen Gesellschaften durch eine weitreichende Revolte gegen autoritäre Strukturen und rigide, restriktive Lebensformen geprägt. Gewiß hat dabei die Psychoanalyse als ein Instrument der Selbstverständigung eine Rolle gespielt. Dem Schulmediziner Sokoloff geht es um eine Abrechnung mit der Psychoanalyse, die er für unwissenschaftlich hält. Sein Fazit: Die Psychoanalyse und ihre Postulate "were erected on sand, without scientific background".

So, denke ich, ist dem konstatierten Phänomen nicht beizukommen. Wenden wir uns einem genuin psychoanalytischen Erklärungsansatz zu! Henry und Yela Lowenfeld, zwei New Yorker Psychoanalytiker, Emigranten aus dem Nazi-Deutschland, haben sich Ende der 60er Jahre als erste mit dem Phänomen der Permissivität und den psychologischen Folgen befaßt[7]. Sie rekurrieren auf das von Freud dramatisierte Faktum, daß zwischen den Forderungen der Kultur und den menschlichen Trieben ein fundamentaler Konflikt besteht, der zu Neurosen führen kann. Der Wandel der Kultur habe eine neue Lage geschaffen, die Triebbefreiung in der Gesellschaft sei in einer Weise fortgeschritten, wie es Freud nicht vorausgeahnt habe. Damit stelle sich erneut die Frage der Saldierung dessen, was Freud in der Schrift ›Das Unbehagen in der Kultur‹ beschrieben habe. Geht es den Menschen besser, sind sie freier und glücklicher geworden in der Kultur der Permissivität? Die Lowenfelds erblicken ein Dilemma – und dies ist bereits eines ihrer Ergebnisse: Nicht nur die Unterdrückung der Triebe führe zur Feindschaft gegen die Kultur und zu ihrer Gefährdung, auch die Befreiung der Triebe gefährde die Kultur. Die optimistischen Erwartungen, die Befreiung von Sexualverboten könne Neurosen verhindern und „zu einer „unneurotischen, gesunden Entwicklung“ führen, hätten sich nicht erfüllt.

Was hat es nun mit der Permissivität auf sich? An die Stelle der Disziplinierung der Triebe sei die „Permissivität, das nachgiebige Gewährenlassen“[8] getreten. Ausdruck und Folge der „Permissivität“ sei der Wandel der Rolle des „starken, verbietenden Vaters“; dieser trete nun eher auf wie ein „schwacher älterer Bruder“. Im Kontext dieser „nachgiebigen“ Erziehung komme es zu einer Reduktion des sozialen Drucks auf die Heranwachsenden, die prägenitalen, insbesondere oralen und aggressiven Triebe würden weniger kontrolliert; auch verkürze sich die Latenzzeit. Die Folge der Triebbefreiung sei nicht eine „friedliche Akzeptierung der Kultur“[9], sondern verstärkte Unruhe und Unzufriedenheit. Durch diesen Prozeß werde das Über-Ich, in der psychischen Entwicklung als Gegenkraft gegen die ödipalen Neigungen eingesetzt, abgeschwächt. Die Jugend stabilisiere sich durch Gruppenbildung; an die Stelle „konstruktiver Ideale“ (!) träte die „organisierende Kraft einer Ideologie“ und „Idealfiguren“ wie Ché Guevara, Mao Tse-Tung und Ho Chi Minh – ein deutlicher Seitenhieb der konservativen Analytiker auf die studentische Protestbewegung. In die gleiche Richtung geht die Behauptung, daß „Philosophen, die Destruktion predigen“, bei der Jugend Resonanz fänden. Die „ständige Verbalisierung der Es-Impulse“ schwäche deren Verdrängung; statt der Es-Impulse würden die Über-Ich-Anteile verdrängt. Das Über-Ich werde in diesem Prozeß zu einer – verglichen mit früheren Verhältnissen – schwachen Agentur im psychischen Apparat. In der Folge dieser „permissiven“ Entwicklung von Gesellschaft und Über-Ich würden narzißtische und selbstzerstörerische Impulse die Oberhand gewinnen, es werde die Flucht in Ersatzbefriedigungen (z. B. Rauschmittel) angetreten. In der widerstandslosen sexuellen Befriedigung finde „der männliche Aggressionstrieb ... keine Entladung“[10]. Viele Jugendliche kämen nicht mehr über die phallische Phase hinaus und somit nicht zur genitalen Reife. Schließlich preisen die Lowenfelds die Väter und die normative Kraft der ihnen zur Verfügung stehenden Religion: „Die Generationen von Vätern, die ihre Grundsätze aus der Religion bezogen, also im Namen göttlicher Gesetze sprechen konnten, hatten in der Erziehung der Nachkommen eine ganz andere Kraft zur Verfügung als die späteren Generationen.“[11]

So ist bei den Lowenfelds die Bilanz der Permissivität negativ: Kraft mangelnder Identifizierung mit den Eltern kommt es zu einer defizienten Ausbildung des Über-Ich, somit zur Schwächung der Triebkontrolle und der Sublimierung sowie zur Entgrenzung der aggressiven und erotischen Triebe. Die Lowenfelds kommen zu dem Schluß, daß sich das Unbehagen in der Kultur auf andere Weise „verstärkt" hat. In den Ausführungen wird mehrfach betont, daß die Schwächung des Über-Ich eine Reihe negativer Folgen nach sich ziehe. In der Theorie von Freud erscheint das Ich als schwach, weil es zwischen einem starken Über-Ich und den drängenden Es-Tendenzen eingekeilt ist. Man könnte aus der Schwächung des Über-Ich allerdings auch folgern, daß dies eine Stärkung des Ich zur Folge haben könnte.

Henry Lowenfeld hat sich 1980 noch einmal, und diesmal noch pessimistischer, zu diesem Problem geäußert[12]. Fortschreitende Permissivität bedeute in psychoanalytischer Sichtweise Entstrukturierung und Abbau des Über-Ich, welches „ein notwendiger Bestandteil menschlicher Kultur" sei. Die Folgen seien: „Schwinden des Schamgefühls", Zunahme der offenen Aggression, Aufnahme sexueller Beziehungen vor der Erreichung des genitalen Stadiums. Die propagierte Promiskuität führe zur „Entwertung des Liebeslebens" und zunehmender Erschütterung und Schwächung der Familie, zu „Unruhe und Angst im gesellschaftlichen Klima". Freuds Hoffnung, so Lowenfeld, daß nach dem Schwinden der religiösen Einflüsse die Vernunft zur bestimmenden Größe menschlichen Verhaltens werde, habe sich nicht erfüllt. Vielmehr sei das „Suchen nach dem Irrationalen" gewachsen, das sich in der Ausbreitung von Kulten aller Art ausdrücke. Das Ganze weitet sich aus zu einer konservativen Kulturkritik, wenn er schreibt, „daß falsche Ideologien zu einem Niedergang zivilisierten Lebens beigetragen haben".

Die Wandlungsprozesse in Richtung Permissivierung der Gesellschaft und ihr Niederschlag im Subjekt sind in den 70er Jahren unter dem Stichwort „neuer Sozialisationstypus" (Thomas Ziehe), „schlechte Aufhebung der autoritären Persönlichkeit" (Frank Böckelmann) oder mehr essayistisch unter dem Topos „vom anal-autoritären Scheißer zum oralen Flipper" diskutiert worden. Sie sind aber nicht in der psychoanalytischen Disziplin systematisch aufgearbeitet worden.

Für die Lowenfelds ist der Saldo in puncto Permissivierung eindeutig negativ. Wie immer auch Saldierungen nicht einfach sind, unterliegen die Lowenfelds einer Romantisierung der alten, der organisierten Über-Ich-Gesellschaft. Der ‚starke' Vater, das ‚starke' Über-Ich, die ‚heile' Welt der bekannten Neurosen: die vorpermissive Zeit erscheint als strukturiert und triebdynamisch geordnet. Zu dieser Romantisierung besteht nicht der geringste Anlaß. Die Über-Ich-Gesellschaften waren Eroberungsgesellschaften nach außen und als solche militärische Gesellschaften der Tötungsbereitschaft und der Tötungen, Unterdrückungsgesellschaften nach innen, insofern Gesellschaften der planmäßigen Stigmatisierung und Unterdrückung von minoritären Ethnien, Andersdenkenden und Andersgestrickten, des organisierten Ausschlusses. Die Über-Ich-Gesellschaft war eine stets unterdrückende, feindselige und kampfbereite Gesellschaft. Die Katastrophen, welche diese Gesellschaften produzierten, waren stets von den Psychostrukturen der Menschen – in der Hauptsache: der Männer! – in diesen Gesellschaften mitbewirkt.

Gesellschaften im Übergang, im Wandel haben ihre Kinderkrankheiten. Sie als Untergang der Zivilisation zu perhorreszieren, erscheint grotesk überdramatisiert. Auch Freud war von solchen Romantisierungen der Vorbilder und Führungsfiguren nicht frei, etwa in dem von den Lowenfelds begeistert zitierten Ausspruch, daß die „genuß- und zerstörungssüchtige Masse durch die Gewalt einer besonnenen Oberschicht niedergehalten werden muß". Seit Jahrhunderten haben in Europa (und auch anderswo) die politischen und sozialen Oberschichten durch ihre Macht- und Eroberungskalküle den Erdball verwüstet! Von ihnen ist nichts Humanes zu erwarten! Die Gesellschaften haben sich aus einer problematischen Vergangenheit in eine durchaus auch problemgeladene Gegenwart entwickelt. Vermutlich wird ein sexuell befreites Zeitalter – in welcher Form auch immer – nicht per se unneurotische Innenwelten kreieren. An die Stelle der alten, bekannten Neurosen werden neue, noch nicht bekannte Neurosen treten, die den Menschen nicht minder zusetzen werden wie die alten. Gleichgültig, wie sich das Über-Ich neu formatiert – ob nun in einer fragmentierten, schwächeren oder inkonsistenteren Form –, schlimmer kann es in der Gesellschaft, in der sich der alte psychische Apparat auflöst bzw. grundlegend wandelt, nicht werden. Offenbar ist die Pathologie des ‚starken' Über-Ich noch gar nicht geschrieben worden. Es ist vermutlich so, daß sich die Menschen von einem Zustand der Unfreiheit in einen anderen Zustand der Unfreiheit bewegen, der entweder – wie von Lowenfeld – unter den Aspekten düsterer Kulturkritik dramatisiert oder von den postmodernen Apologeten des "anything goes" verklärt wird. Beide Übertreibungen sind gleichermaßen falsch und verfehlen den Zugang zu dem vielschichtigen Charakter gesellschaftlicher Phänomene und ihrer Dialektik. Die Lowenfelds erweisen sich streckenweise, trotz des Richtigen, das ihre Analyse enthält, als konservative und bisweilen auch reaktionäre Vertreter der psychoanalytischen Sichtweise.

b) Repressive Entsublimierung

> „Seitensprung ist ein Treffpunkt für Männer und Frauen auf ihrer Suche nach einem sicheren erotischen Abenteuer.
> Hier findest Du viele Gleichgesinnte, die hier auch dasselbe suchen wie Du."
> (www.seitensprung.de)

Die Lowenfelds und Marcuse waren befreundet. Allerdings kam es im Zuge der Studentenrevolte und Marcuses pro-studentischer Interventionen zu Diskrepanzen (vgl. Müller 2000, S. 239). Die Lowenfelds hatten das Manuskript der 1955 erschienenen Studie von Herbert Marcuse ›Eros and Civilisations‹ (dt. Triebstruktur und Gesellschaft, 1965) gelesen und Vorschläge und Einwände beigesteuert, für die ihnen dieser im Vorwort dankte[13].

Marcuse ist der einzige Theoretiker innerhalb der Kritischen Theorie, der mit der Abhandlung ›Der eindimensionale Mensch. Studien zur Ideologie der fortgeschrittenen Industriegesellschaft‹ eine umfassende Rekonstruktion der gegenwärtigen Gesellschaftsformation unternahm. Theorien sind nicht einfach Bestandsaufnahmen, sondern zentrieren sich um ein Problem der Erklärung. Marcuse will auf dem Hintergrund der Marxschen Theorie, derzufolge die kapitalistischen Gesellschaften an ihren inneren Widersprüchen zugrunde gehen sollen, erklären, wie die enormen Integrationskräfte der „fortgeschrittenen Industriegesellschaft" zu verstehen und zu erklären sind. Das Buch setzt nicht im Bereich dessen an, was in der marxistischen Theorie die ökonomische Basis der Gesellschaft genannt wird, sondern im Bereich des ideologischen, also vom Bewußtsein und Unbewußtsein getragenen Überbaus. Die neue Gestalt der Ideologie ist der Schlüssel zur Erklärung der Bestandfestigkeit der Gesellschaft.

Eine Kategorie des Buches hat nachgerade Karriere gemacht, die der „repressiven Entsublimierung“. Bei diesem Begriff handelt es sich um eine treffsichere Kategorie, die aber durch eine Reihe von Wertungen und auch begriffslogische Unschärfen unbefriedigend bleibt. Marcuse geht davon aus, daß die fortgeschrittene Konsumgesellschaft durch eine umfassende Ideologie geprägt ist, die er das „glückliche Bewußtsein“ nennt. In ihr werden alle Widersprüche und Dissonanzen des gesellschaftlichen Seins getilgt und alle Menschen zu einem eindimensionalen Ganzen zusammengeschlossen. Wie viele andere Theoretiker der Kritischen Theorie unterliegt auch Marcuse Romantisierungen. Da ist zunächst die Kategorie der Sublimierung, die er über alle Maßen hochstilisiert: „Sublimierung erfordert ein hohes Maß an Autonomie und Einsicht; sie vermittelt zwischen Bewußtem und Unbewußtem, zwischen primären und sekundären Vorgängen, zwischen Intellekt und Trieb, Versagung und Rebellion. In ihren vollendetsten Weisen, wie im Kunstwerk, wird Sublimierung zur Erkenntniskraft, welche die Unterdrückung besiegt, indem sie sich ihr beugt.“[14] In den Produkten der Sublimierung manifestiere sich ein uneingelöster Glücksanspruch, ein Vorschein auf Erfüllung; sie verkörperten ein subversives Potential. Es seien Artefakte des „unglücklichen Bewußtseins“; in ihnen spiegelten sich „vereitelte Möglichkeiten, unerfüllte Hoffnungen, verratene Versprechen“. Kunst erscheint also als Ausdruck von Entfremdung („künstlerische Entfremdung ist Sublimierung“) und Schönheit als „promesse du bonheur“. Dieser Begriff von Kunst deckt nur einen kleinen Teil dessen ab, was Kunst ist. Diese Überlegungen zu Kunst und Sublimierung sind, wie auch bei den anderen Vertretern der Kritischen Theorie, insbesondere bei Adorno, zu hoch angesiedelt, zu hegelianisch: Kunst als Wahrheit, als andere Form der Philosophie. Aus Kunstbiographien weiß man, daß viele der Kunstschaffenden, nicht gerade der gequälte Beethoven, ebensowohl produzierten wie entsublimierten. Vieles, was Marcuse schreibt, klingt nach den liebgewordenen Ideologien des deutschen Gymnasiums. Überhaupt ist diese Vorstellung der Kunstproduktion aus der Sublimierung heraus nicht plausibel. Es scheint viel erklärungskräftiger zu sein, z. B. den Adlerschen Begriff der Kompensation, losgelöst von der Verengung auf sogenannte Organminderwertigkeiten, heranzuziehen, um den Prozeß der Erzeugung von Kulturprodukten als rastlosen Prozeß auf der Suche nach Anerkennung begreifbar zu machen.

Marcuses These ist, daß sich in der eindimensionalen Gesellschaft eine „Entsublimierung" der Triebe vollzieht. Was ist darunter zu verstehen? Zunächst einmal die Popularisierung der „höheren" Kultur in der „populären" Kultur, durch die jene ihre symbolische Subversion verliert: „Ihre Einverleibung in die Küche, das Büro und den Laden, ihre kommerzielle Freigabe an Geschäft und Vergnügen ist in gewissem Sinne eine Entsublimierung – vermittelter Genuß wird durch unmittelbaren ersetzt."[15] Dann: die „Entsublimierung in der sexuellen Sphäre". In der eindimensionalen Gesellschaft werde das Universum möglicher libidinöser Besetzungen erweitert, zumal die Mechanisierung der Arbeit die Verausgabung von Libido „einspare", die Sexualität werde in „gesellschaftlich aufbauenden Formen befreit". Mit der Erweiterung der Freiheiten werde auch die soziale Herrschaft befestigt, denn die entsublimierten Verhaltensweisen werden neuen „technologischen Kontrollen" unterworfen. Allerdings vollziehe sich auch eine Ent-Erotisierung der Umwelt und der sozialen Beziehungen. Manche Beispiele Marcuses sind schlicht läppisch, so wenn er, um seine Thesen plausibel zu machen, auffordert, das verliebte Treiben auf einer Wiese mit dem in Manhattan zu vergleichen. Er bietet ein Idyll à la Hans Thoma gegen die Lebenswelt der City auf, um einmal mehr darzulegen, wie schön die alte Welt war.

Die Praxis der Entsublimierung, so Marcuse, reduziere die Libido auf sexuelle Erfahrung und Befriedigung; es vollziehe sich die Sexualisierung des Körpers, der Arbeitsbeziehungen und der Warenproduktion. Allerdings machen die „Vergnügungen der angepaßten Entsublimierung" nicht frei, sondern erzeugten neue Unterwerfung („Lust erzeugt Unterwerfung") und schwächten die „Rationalität des Protests". Die ehemals autoritäre Gesellschaft sei so stark geworden, daß sie es sich leisten kann, bestimmte Bezirke des Sexuellen freizugeben. Marcuse spricht in diesem Zusammenhang von „institutionalisierter Entsublimierung"[16] und meint damit, daß hinter allem ein neuer sozialer Druck stehe. So komme es zu einer vollständigen Verbindung von Freiheit und Unterdrückung. „Im Gegensatz zu den Vergnügungen der angepaßten Entsublimierung bewahrt die Sublimierung das Bewußtsein der Versagungen, die die repressive Gesellschaft dem Individuum auferlegt und hält damit an dem Bedürfnis nach Befreiung fest."[17] Sehr problematisch ist die These, daß diese Formen der Entsublimierung wichtige Faktoren „beim Entstehen des autoritären Charakters unserer Zeit"[18] sind. Nicht minder problematisch ist die These, daß die Freisetzung von „partieller und lokalisierter

Libido", gemeint sind hier offensichtlich die Partialtriebe, zur Komprimierung erotischer Energie führt und diese „mit dem Anwachsen unsublimierter wie sublimierter Formen der Aggressivität vereinbar"[19] ist. Das sind Behauptungen, die nicht wirklich psychoanalytisch begründet sind. Überdies gibt es für solche Bilanzierungen keine stichhaltigen empirischen Anhaltspunkte.

Marcuse hat einen mehr intuitiven als analytischen Zugriff auf das neue Phänomen der „repressiven Entsublimierung". Seine richtigen Beobachtungen spannt er auf einen Rahmen, der eine vorurteilsgeladene Kulturkritik zum Vorschein bringt. Man muß immer wieder daran erinnern: Permissivierung wie Entsublimierung sind nicht nur von oben ‚kommandierte' Prozesse, sondern sie kommen auch von unten aus dem Leben der Menschen selbst. Der moderne Mensch ist immer weniger bereit, sich seine Vergnügungen und Lüste staatlich oder religiös vorschreiben zu lassen. Insofern zeigen sich hier auch Prozesse der Autonomisierung der Subjekte, die sich auch von einer Kritischen Theorie ihren Weg nicht vorschreiben lassen wollen.

c) Konsumismus und sexuelle Revolution

Obgleich Erich Fromm den Begriff Permissivität nicht benutzte, griff auch er die Frage der größeren Freiheit im sexuellen Bereich auf. Auch Erich Fromm versah die „sexuelle Revolution", die gesellschaftliche Tendenz zu Permissivität und Promiskuität, mit einem Fragezeichen[20]. Angesichts der Tatsache, daß „die gleichen Menschen, die die neue Sexualität praktizieren, auf der anderen Seite sehr gut an die vorherrschenden gesellschaftlichen Muster des Denkens und Fühlens angepaßt sind und überhaupt keine radikale Avantgarde darstellen"[21], stellte er die Frage, ob sich hinter der Fassade einer scheinhaften Liberalisierung des Sexus nicht Konsumismus, Konformismus und Entfremdung verbergen. Diese gesamtgesellschaftliche Tendenz bezog er in dem zwischen 1968 und 1970 geschriebenen Text auch auf die revoltierenden Studenten: „Ist das sexuelle Verhalten der Hippies und der linksgerichteten Studenten Teil des gleichen Phänomens?"[22] Fromm kommt zu dem Schluß, daß eine im wirtschaftlichen Bereich auf Konsumption ausgerichtete Gesellschaft auch die Möglichkeit des „sexuellen Konsums" geschaffen habe, der wie die anderen Konsumhaltungen beschaffen ist: „flach, unpersönlich, ohne Leidenschaftlichkeit, ereignislos, passiv“[23]. Die Kultur gehe mittels der „strikten Isolierung von offizieller Ideologie und sanktionierter Praxis“ sowie „doppelzüngigem Gerede“ über die Phänomene hinweg, die sie hervorgebracht hat. Der sexuelle Konsumismus ist nicht per se progressiv, er hat auch reaktionäre Züge, weil er die Menschen an ein entfremdetes System bindet. Gleichwohl sieht Fromm in der Jugendbewegung der 60er Jahre auch den Ansatz einer „eigenen Lebenspraxis“, die das Gegenteil des sexuellen Konsumismus darstellt, einer Lebenspraxis, die sich gegen Verdinglichung, Entfremdung, Slogans, Vergötzungen richtet. Für viele bedeute sexuelle Lust auch etwas Nichtkonsumistisches, nämlich „Freude“ und „Bejahung des Lebens“, und zwar in dem Sinne, daß Sexualität als „ein Aspekt des Seins, nicht des Besitzens“ begriffen wird[24]. Fromm war allerdings skeptisch, ob diese progressiven Momente überdauern würden.

Die Erörterungen der Lowenfelds und Fromms machen den ambivalenten Charakter der Permissivität und insbesondere der sexuellen Permissivität deutlich. Diese ist einerseits Teil eines medial forcierten Konsumismus, der nichts ausläßt, um neue Märkte zu erschließen und Profite zu machen. Aber sie ist zugleich Ausdruck einer universellen Entwicklungstendenz in modernen westlichen Gesellschaften zu größerer Freiheit in allen Lebensbereichen. Das Phänomen der größeren Permissivität ist auf zwei Ebenen angesiedelt: auf der Ebene des gesellschaftlichen Systems und auf der Ebene der sozialen Akteure. Permissivierung heißt sodann auf der Systemebene, der Ebene der Rechtsnormen, der sozialen Werte und Normen: Minimierung der normativen Regulierungen, und auf der Handlungsebene: Maximierung der Optionen und Repertoires. Entgegen der doch etwas vordergründigen Kulturkritik der Lowenfelds ist die Minimierung der normativen sozialen Regulierungen des Sexuellen – langfristig gesehen – ein neuzeitlicher, „moderner“ Vorgang, der in der Herauslösung der Sexualität aus der autoritären Bevormundung, Normierung und Kontrolle seitens des Staates und der Kirche besteht. Die normativ-autoritäre Regulierung und virtuell auch Kriminalisierung bestimmter Formen der Sexualität war jahrhundertelang eines der härtesten und wirkungsvollsten Unterdrückungsinstrumente des autoritären Staates, die zunächst auch von den Demokratien übernommen wurden. Da wurden mit dem staatlichen Androhungspotential und Androhungsapparat wie auch der staatlichen Kontroll- und Strafmaschinerie systematisch Ängste produziert und es wurde mit Ängsten operiert, denn das Machtspiel mit den Ängsten der Menschen war und ist ein Bestandsmechanismus der staatlichen Institutionen. Es ist müßig, über die Gründe zu spekulieren, warum dies so ist, ob sich durch den Staat und seine Submissionen immer auch eine herrschende, vermögende, bevorteilte Schicht erhält oder ob die Unterdrückung bereits Teil seiner Struktur, unabhängig von der politischen Form, geworden ist. Die Systemtheorie bezeichnet dies als Selbstreferenz. Faktum ist, daß der Staat des christlichen Abendlandes seit seinem Bestehen, manifestiert in seinen obsessiven Vorstellungen (die den Charakter von Zwangsvorstellungen haben), welche Regulierungen zum Fortbestehen der Gesellschaft notwendig sind, die Sexualität restriktiv kanalisiert, lizenziert, beschränkt, beschneidet. Das ist das, was in der soziologischen Diskussion gemeinhin als repressiv bezeichnet wird. Die Permissionen sind dem Staat in schwierigen Debatten, vielfältigen Aktionen und Konflikten abgerungen worden; sie haben sich schließlich, politisch vermittelt durch die verständigeren Teile der Gesellschaft, in der Strafgesetzgebung niedergeschlagen. Der Staat indes ist in seinem Kern autoritär geblieben, beharrt auf seinem Recht der Bevormundung der Menschen. Insofern ist der Zustand der Permissivität permanent davon bedroht, daß der Staat seine autoritäre Regie des Sexuellen wiederherstellt.

d) Fazit: Die Kultur und Ökonomie der Permission

Freud zufolge beruhen alle Gesellschaften auf Triebunterdrückung, d. h. auf einer restriktiven sozialen und sachlichen Einschränkung sexueller Aktivitäten. Von dieser Unterdrückung werden auch alle symbolischen Präsentationen des Sexus erfaßt, z. B. seine Darstellung in der Kunst, im Film, aber auch die Inszenierungen des Körpers im Alltag. Die Gesellschaft wacht mit Argusaugen darüber, daß bestimmte Grenzen nicht überschritten werden. An der Grenze der Überschreitung ist der Kunstskandal angesiedelt. Symbolische Darstellungen „vor" der Grenze, „an" der gesellschaftlichen Grenze ermöglichen immer auch in ihrer ästhetischen Tarnung ein Quentchen „Wunscherfüllung". Wie man feststellen kann, hat die Unterdrückung des Sexus in der alten, der „bürgerlichen" Gesellschaft diesem nicht den Garaus gemacht. Sie bewirkte eine fluoreszierende Omnipräsenz des Sexuellen, mehrdeutige Symbolisierungen, der Sexus bahnte sich in schichtenspezifischer Ausformung bestimmte Ventil- und Schatteninstitutionen. Dazu gehört auch die „Doppelmoral", die sich die männerbestimmte Gesellschaft schuf.

Was Freud „der" Gesellschaft schlechthin zuschrieb, dechiffriert sich uns heute als struktureller Momentzustand einer historisch verfaßten Gesellschaft. An der Schwelle des industriellen "take-off" entstehen Arbeitsethiken, die – von Arbeit und Fortschritt besessen – alle Antriebs- und Triebenergien in Arbeitsenergien zu transformieren suchen. Das ist die strukturelle Determinante der gesellschaftlichen Repressivität im Hinblick auf das Scxuclle. In der lustfeindlichen Sexualmoral und ihren Varianten drücken sich die Standards einer „Leistungsgesellschaft" mit rigoroser Arbeitsethik aus, und damit stets auch der je vorwaltende Stand der Entwicklung der Produktivkräfte. Unter dem sozialen Druck dieser rigiden Arbeitsethik, die sich in allen gesellschaftlichen Handlungs- und Motivationssystemen ausbreitet, verschärft sich der Zwiespalt von „Triebstruktur und Gesellschaft".

Mit fortschreitender Entwicklung der Produktivkräfte, und auch durch eine Welle von Liberalisierungsprozessen, haben sich in der zweiten Hälfte des 20. Jahrhunderts die gesellschaftlichen Moralstrukturen gewandelt. Es vollzieht sich eine Entwicklung, die mit unterschiedlicher theoretischer Akzentuierung als Übergang zur „permissiven" Sexualmoral oder als „repressive Entsublimierung" (Marcuse) beschrieben wird. Diese Permissivität umfaßt ebensowohl die Handlungs- und Verhaltensebene, die sexualisierte Sphäre der Warenzirkulation, schließlich auch die symbolische Ebene, die Ebene der Präsentation und Simulation der Bilder. Im Zuge der kapitalistischen Entwicklung und ihrer Dynamik werden schließlich auch die sexuellen Bedürfnisse und Bedürfnisinterpretationen ökonomisch verwertet, vermarktet, ausgebeutet. Allerdings darf man den Begriff des Sexuellen nicht zu eng fassen, er wird zu einem Symbol, zur Metapher, die in vielerlei Gestalt wirksam ist. So wie die Waren (z. B. die Reifen von Pirelli) sexuell kontextualisiert werden, so wird alles an der Sexualität Verwertbare selbst zur Ware. Auch der Körper wird davon erfaßt; nunmehr gilt das Motto „sexy sein!". An die Sexualisierung des Körpers hängt sich eine weit verzweigte Körperindustrie. Schönheit, vor allem körperliche Schönheit, muß jetzt mit den Mitteln der Chemie und auch Chirurgie formgerecht produziert werden. Dazu rechnet auch die chemische Industrie mit Produkten wie Viagra, Cialis u. a., welche die unendliche Sexualität versprechen. Auch weite

Teile der Modeindustrie sind davon betroffen. Dieser Prozeß beschleunigt sich immer mehr und erhält einen gewaltigen Schub durch die Entstehung und Ausweitung der visuellen Medien. Die Zirkulationsmaschinerie der Waren verzahnt sich nun mit einer expansiven Medienindustrie, welche mit der Dauerpräsentation sexueller oder sexuell unterströmter Bilder die Entsublimierung vorantreibt. Geht es im einen Fall um Umsatz, geht es im anderen Falle um Einschaltquoten. Dabei übernehmen im Bereich des Fernsehens die privaten Fernsehsender eine Vorreiterrolle. Erkennbar ist, daß die öffentlich-rechtlichen Programme nachziehen. Die sexualisierten Bilder werden zu einem Element der allgemeinen gesellschaftlichen Wahrnehmung. Was uneinsichtige Konservative immer noch für sog. Auswüchse halten, ist längst ein wesentlicher Bestandteil der industriellen Warenwelt, der Bilderwelt der Medien geworden. Welche Wirkung die mediale Industrialisierung des Sexus auf diesen selbst hat, ist noch weithin unerforscht. Das gängige kulturkritische Klischee ist, daß der Sexus dadurch verflacht, seine reizvollen Widerstände, seine Spannungen und Geheimnisse abgerieben werden. Ob die „schöne neue Welt“ des “anything goes” eine fade Welt ist, kann nicht theoretisch abgeleitet werden. Es hat auch keinen Sinn, hier mit „wahren“ und „falschen“ Bedürfnissen zu operieren. Vielleicht holen sich die Menschen in der „repressiv entsublimierten“ Welt auch etwas, was sie immer schon haben wollten, und was sie in ihre soziale Definition von dem, was sie brauchen, aufgenommen haben. Obgleich vieles Manipulation ist, kann man die Menschen nicht von den Industrien trennen, die sie hervorbringen. Sie sind ein Teil von ihnen, und insofern gibt es rückgekoppelte Regelkreise. Die Märkte sind nicht allmächtig und setzen dort an, wo es was zu holen, wo es Resonanzen gibt. Beispielsweise ist der Markt für avantgardistische Kunstprodukte darum ein schwieriger Markt, weil diese von den real existierenden Bedürfnissen der großen Mehrheit weit entfernt sind. Ob alle diesen Entwicklungen wieder zu einem „Unbehagen in der Kultur“, einem anderen Unbehagen führen, wird sich an den Menschen selbst und den Analysen über sie zeigen.

12. DIE "SOCIETY OF ENJOYMENT" – DAS ENDE DER "DISSATISFACTION"?

"I can't get no satisfaction"
(Rolling Stones, 1966)

In unvermuteter Weise wird seit etwa einem Jahrzehnt Jacques Lacan zu einem Referenzpunkt für gesellschaftskritische und subjekttheoretische Konzepte und Diskurse. Man ist vielerorts bemüht, politologische und gesellschaftskritische Themen mit einem prononcierten psychoanalytischen Ansatz zu verbinden, der trotz seiner schwierigen Zugänglichkeit ein Thema verfolgt, an dem keine Theorie vorbeikommt: das Thema der Subjektivität. Lacan hat dieses Thema, im Gegensatz zu all denen, welche die Psychoanalyse irgendwo anflicken, „integrieren", zum Demonstrationsmodell für eigene ambitionierte Projekte machen wollten, in einer uneingeholten Tiefe bearbeitet. Lacan ist ein enigmatischer Theoretiker, sein Stil gilt als „hermetisch, dunkel und schwer verstehbar"[1].

Jacques Lacan (1901–1981) war ein französischer Psychoanalytiker, der mit strukturalistischen und linguistischen Mitteln die Psychoanalyse neu interpretierte. Lacan sagt selbst von sich, er habe nie etwas entdeckt, sondern aus diesem und jenem etwas „zusammengebastelt"[2]. Die Psychoanalyse sieht er als Wissensform einer historischen Gesellschaft, als Teil des „Unbehagens in der Kultur". Somit sei sie selbst ein „Symptom", das auch wieder verschwinden könne. Seiner orthodoxen Reformulierung der Psychoanalyse entspringen drei Grundkategorien: das Symbolische, das Imaginäre, das Reale. Das **Symbolische** ist der formalisierte Diskurs der Sprache, die Ordnung der Macht, das „Gesetz des Vaters". Es inkorporiert das erkennbar Soziale mit seinen Regeln und Hierarchien. Das **Imaginäre** bezeichnet den Bereich der Bilder, Phantasmen, Täuschungen und Verkennungen. Es ist ein Teil der inneren Ökonomie des Begehrens und der Wünsche; eine wichtige Rolle spielen die libidinös besetzten Bilder von Objekten ("what makes an object become desirable, that is to say, how it becomes confused with this more or less structured image which, in diverse ways, we carry in us"[3]). Der Begriff ist in der Nähe dessen angesiedelt, was Freud „Triebrepräsentanzen“ nannte. Der Trieb präsentiert und repräsentiert sich nicht leer, sondern immer im Zusammenhang mit Imaginiertem, in Verschränkung mit Objekten, die aber variabel sind. Was das **Reale** anbetrifft, könnte man versucht sein, darunter das Wirkliche, die Wirklichkeit, wie sie uns erscheint, zu verstehen. Indes ist es nach Lacan ein nichtdefinierter und auch nichtdefinierbarer Bereich der Wirklichkeit. Das Reale ist „immer etwas Unfaßbares, Unsagbares, nicht Kontrollierbares“[4], etwas, das sich – wie Lacan sagt – immer wieder in der (Behandlungs-)Analyse entzieht, nicht symbolisiert werden kann. Es entspricht in etwa dem Begriff des Es.

Vier Schriften, die sich auf die Psychoanalyse Lacans stützen, möchte ich hier nennen: Todd McGowan: The end of dissatisfaction? Jacques Lacan and the emerging society of enjoyment (Albany 2001); Yannis Stavrakakis: The Lacanian Left: Psychoanalysis, Theory, Politics. Edingburgh University Press 2006; David Pavón Cuéllar: From the conscious interior to an exterior unconscious. Lacan, discourse analysis and social psychology, London 2010; Ian Parker: Lacanian Psychoanalysis. Revolutions in Subjectivity (New York 2011).

Ich werde mich im folgenden mit der Studie von Todd McGowan befassen, weil sie direkt an die Debatten anschließt, die unter den Stichworten Permissivität und Entsublimierung geführt wurden. In dieser Studie geht es um eine "large-scale transformation" der westlichen Gesellschaft, die sich von einer "society of prohibition" in eine "society of enjoyment" wandelt. Die Studie von McGowan besitzt m. E. von den vier genannten Arbeiten die größte gesellschaftstheoretische Relevanz.

a) "Enjoyment", „jouissance“, Begehren, Genießen

Das Thema der Studie von McGowan ›The end of dissatisfaction? Jacques Lacan and the emerging society of enjoyment‹ ist der oben bezeichnete Strukturwandel, den er für ebenso fundamental hält wie den, der zum Kapitalismus führte.

Im Zentrum der Arbeit steht der auch im Titel verwendete Begriff "enjoyment", die englische Übertragung des Begriffs „jouissance“: "I will use the terms 'enjoyment' and 'jouissance' interchangeably throughout the project."[5] „Jouissance“ ist einer der Schlüsselbegriffe bei Lacan. Eine begriffliche Klärung nimmt

McGowan nicht vor. Er verwendet den Begriff nicht streng im Sinne Lacans, sondern in einem alltagsspachlichen Sinn, im Sinne von Freude, Vergnügen, Genuß. So spricht er davon, daß ein "organization man", der seine Individualität für die Firma aufgibt, durch die „Affiliierung mit der großen und mächtigen Organisation"[6] "enjoyment" erfährt. Ein sexuell konnotiertes Genießen wird hier schwerlich gemeint sein. Der Übersetzer einer Auswahl aus den ›Écrits‹ von Lacan verweist darauf, daß das Wort im modernen Englisch die sexuelle Konnotation verloren hat, die es im Französischen immer noch hat[7]. McGowan benutzt also den Begriff in einem weiteren Sinn, und das führt oft zu unspezifischen Aussagen. Die psychoanalytische Dimension dieses Begriffs wird dabei verwässert!

Der Begriff „jouissance" hat bei Lacan verschiedene Bedeutungsvarianten, die schwer auf einen Nenner zu bringen sind. Bis 1957 hat der Begriff sexuelle Konnotationen. Ein Jahr später wird er explizit mit dem Orgasmus in Verbindung gebracht[8]. Im Zusammenhang mit dem phallischen Stadium spricht Lacan von der "masturbatory jouissance"[9]. Nach 1960 differenziert er zwischen Genießen (jouissance) und Begehren.

Während das Genießen, also „jouissance", auf die unmittelbare und, wie Lacan sagt, „idiotische" sexuelle Befriedigung im Rahmen der Triebökonomie des Subjekts angelegt ist, verhält es sich mit dem Begehren oder, wie er auch sagt, dem „Genießen des Begehrens" weitaus komplizierter. Das Begehren verweist auf den Mangel eines „begehrenden" Subjekts. Es liest sich fast wie ein Existential: Das Subjekt ist von Anbeginn mit einem unaufhebbaren Mangel behaftet; es wird mit der Geburt aus der Symbiose des intrauterinen Zustands herausgeworfen, dann endet die Symbiose mit der Mutterbrust: „Das Subjekt ist seitdem unvollständig, weshalb es stets danach begehrt vollständig zu werden und seinen Mangel, seine Lücke im Subjekt durch Objekte aufzufüllen."[10] Diesen Prozeß des unendlichen und unaufhebbaren Begehrens formalisiert Lacan mit dem Begriff des „klein a"; dabei steht „klein a" für den Anderen oder „metonymische" Objekte.

Da McGowan keine begriffliche Klärung vornimmt, ist es nicht klar, ob er das Genießen im Sinne von „jouissance" oder das unendliche und unstillbare Begehren meint. Er spricht zwar von „jouissance", rekurriert aber immer wieder auf die Figur des „klein a", also das unstillbare Begehren.

b) “Society of Enjoyment”

Ähnlich wie Marcuse betont McGowan, daß es in der modernen Gesellschaft eine forcierte Tendenz zu mehr “enjoyment” gibt. Er spricht vom “commanded enjoyment” und denkt dabei an die vielfältigen Formen der sozialen Beeinflussung und des sozialen Drucks, die den Menschen unablässig anspornen: „genieße dein Leben“: “Advertisements, friends, movies, parents, television shows, internet sites and even authority figures all call us to maximize our enjoyment.”[11] “Enjoyment” wird zu einer Art Pflicht (“social duty”) und zu einem stabilisierenden Faktor der Gesellschaft. Allerdings, so McGowan: Die Gesellschaft stellt nicht das “enjoyment” bereit, das sie verspricht. Das ist das, was die alten Theoretiker als Schein bezeichneten. Obgleich die Gesellschaft “enjoyment” verheißt, verunmöglicht sie jede direkte Erfahrung von “enjoyment”: “enjoyment can only be experienced indirectly, through the act of aiming at something else – as a by-product.”[12] So gibt es vielfache Barrieren, und häufig bezieht sich das “enjoyment” auf das Überwinden der Barrieren: “what we enjoy is the barrier itself”. Darum gebe es nicht zu viel “enjoyment”, sondern zu wenig (“we don’t have enough”).

McGowan sieht, daß diese Transformation mit einer Reihe von Begleiterscheinungen einhergeht, die zum Gegenstand sowohl der rechten wie der linken Kulturkritik geworden sind. Damit meint er folgende Phänomene: das Zurücktreten der traditionellen Vaterrolle, die Ausbreitung der Bilder, die Eliminierung der Transzendenz und der Distanz, Zynismus, politische Apathie, das Verschwinden des Begehrens, die Zunahme von Aggressivität und Unzivilisiertheit. McGowan sieht diese Phänomene als eine Art Kinderkrankheit einer neuen Gesellschaftsformation. Solche Phänomene hatten auch die Theoretiker der permissiven Gesellschaft herausgestellt. Gleichwohl verteidigt McGowan diese neue Gesellschaft und meint, daß aus einer Gesellschaft des “commanded enjoyment” eine werden müsse, in der aktiv “politics of enjoyment” betrieben würden.

c) “Society of Prohibition”

Um die Gestalt einer “society of enjoyment” bzw. einer “society of commanded enjoyment” zu illustrieren, skizziert McGowan mit dem Rekurs auf Lacans Begriff der „symbolischen Ordnung“ die innere Architektur der “society of prohibition”. Die symbolische Ordnung konstituiert sich durch Sprache und den Diskurs; sie ist eine Ordnung der Macht, des Tausches, manifestiert die „Gesetze des Vaters“. Sie ist stets auch eine Ordnung der Unterwerfung und des Mangels, der “dissatisfaction”. Die symbolische Ordnung strukturiert auch das Imaginäre, die Welt der Bilder, Visionen und Phantasmen. “Dissatisfaction” ist der Normalzustand der Gesellschaft der Verbote; die Menschen in ihr sind “partners in loss”. Der gemeinsame, von allen geteilte Verzicht auf “enjoyment” schmiedet die Gesellschaft zusammen. Es ist ein “bond of lack”.

Verbote allein, das ist ein Gemeinplatz der soziologischen Theorie, genügen nicht, um den Zusammenhalt einer sozialen Ordnung zu garantieren. Es gibt Mechanismen der Kompensation, der Entschädigung für die auferlegten Verbote: nämlich die Fenster der imaginären Wunscherfüllung: “The imaginary is the repository for that potential rebellion insofar as it provides an illusory enjoyment in the midst of its prohibition by the social order.”[13] McGowan konkretisiert das Imaginäre als Wunschökonomie, die treue Ehefrau, die eine Affäre imaginiert, aber nie daran denken würde, dies zu realisieren. Das Imaginäre und seine Inhalte werden durch die symbolische Ordnung, ihre Zwänge und Grenzen definiert; sie ist der Referenzrahmen. So erlauben die verschiedenen Sparten der imaginären Wunscherfüllung den Menschen die Lasten der Prohibitionsgesellschaft zu tragen.

d) Die Ambivalenz des Über-Ich

“Enjoyment” vermittelt sich intrapsychisch auch im Über-Ich, aber in einer gespaltenen Weise: Es ist im Sinne von Lacan nicht nur eine Instanz der Verbote, sondern “it fosters enjoyment, which threatens to undermine the law”[14]. Lacan: “Nothing forces anyone to enjoy except the superego. The superego is the imperative of jouissance – Enjoy!”[15] McGowan schlägt den Bogen von dieser Bestimmung des Über-Ich zur Entwicklung des Kapitalismus. War sein “take-off” und seine Entwicklung in den ersten Jahrhunderten von einer protestantischen Arbeitsethik im Sinne von Max Weber bestimmt, so wird diese Ideologie schließlich mit der vollen Entfaltung des Monopolkapitalismus zu einem Hemmschuh in der weiteren Entwicklung. Arbeitsethik und Askese werden in der Phase des globalen Kapitalismus – als Zäsur gilt McGowan der Fall der Berliner Mauer – historisch überholt. Der globale Kapitalismus setzt jetzt die im Über-Ich immer auch schon vorhandene Dimension, die Verbote außer Kraft zu setzen und das "command to enjoy" zu übernehmen, frei: "Rather than living in a society that prohibits enjoyment, we are increasingly living in one that command it. We live under the reign of a tyrant for the next millennium – the superego."[16]

e) "Imaginary Enjoyment"

Der soziale Wandel hin zu mehr "enjoyment", der viele Kritiker der amerikanischen Gesellschaft beunruhigt hat, ist aber überwiegend virtuell, nicht real. Zwar gibt es jene "commands" der "society of enjoyment", aber diese führten nicht zu mehr "enjoyment" auf der Ebene von Realität: "Contemporary American society has become a society of enjoyment only in the sense that enjoyment, rather than prohibition, is its governing commandment."[17] Zwischen dem Kommando „Genieße dein Leben!" und dem Genießen liegt eine große Diskrepanz. Es gibt einen negativen Zusammenhang zwischen den Verheißungen und der Realität. Der Mechanismus ist bekannt und wurde vielfach beschrieben: "The more that the subject complies with an imperative – even the imperative to enjoy – the more poignantly she/he feels her/his failure to comply fully."[18] McGowan beschreibt eine Reihe dieser Erfüllungshemmungen: sich schnell von Gelegenheit zu Gelegenheit, von Internetseite zu Internetseite, von Kanal zu Kanal zu bewegen, ohne das "enjoyment" wirklich zu erreichen. Es ist, als ob die Subjekte an einem inneren Strang der Entsagung geführt würden. Alles scheint zum Greifen nah und doch "inaccessible"! Im Gegensatz zur Verbotsgesellschaft fühlen sich die Menschen nicht innerlich dem Gesetz der symbolischen Ordnung unterworfen, die ihnen sagt, was zu tun ist und was nicht. McGowan rekurriert auf Foucault und argumentiert ganz in seinem Sinne: "The less we feel symbolic authority as a repressive power, the more likely we are to submit to its dictates …"[19]

Bilanziert man die "society of enjoyment", so ist sie nach McGowan mehr virtuell als real: "In contrast to the society of prohibition, the society of enjoyment thrives on imaginary enjoyment."[20] So erweist sich die "society of enjoyment" in erster Linie als eine "image-dominated society". "Imaginary enjoyment" erzeugt die Illusion totaler Freiheit, welche die sozialen Strukturen der Gesellschaft nicht tangiert und nicht gefährdet. Das Verhältnis von Wort und Bild kehrt sich um. Waren früher die Bilder Illustrationen der Worte, so werden Worte jetzt zum Appendix der Bilder. Vilém Flusser hat diesen Prozeß sehr eindrucksvoll als Revolution der Bilder beschrieben. Das "imaginary enjoyment" ist ein einsames, narzißtisches Erlebnis, in dem Andere nicht wirklich vorkommen. Es isoliert die Individuen, schließt sie in ihrer Bilderwelt ein. Eines der Hauptfelder dieses "imaginary enjoyment" ist das Internet, wo es vielfach keinen interaktiven Partner gibt. Insgesamt ergibt sich eine paradoxe Situation: Die Gesellschaft forciert ein "enjoyment", das ihre Existenz bedroht, und muß diesem gleichzeitig einen Raum geben, der sie am Leben erhält und gleichzeitig die soziale Stabilität sichert. Allein das "imaginary enjoyment" kann diese zwei widersprechenden Bedingungen erfüllen. Für die Gesellschaft ist diese Art von imaginärer Erfüllung wichtig, weil sie zur Steigerung der Produktivität führt. Dagegen, so McGowan, gebe es für "real enjoyment" in dieser Gesellschaft keinen "outlet".

Vier Momente sind an der Analyse McGowans festzuhalten:

1. der Imperativ zu genießen ist im Über-Ich lokalisiert, es ist der Niederschlag eines gesellschaftlichen Programms;
2. das Genießen als Programm stößt realiter an verschiedene Grenzen;
3. die Erfüllung von "enjoyment" findet überwiegend nicht real, sondern im Medium der Bilder und Imaginationen statt; es handelt sich um eine "imaginary revolution";
4. die Gesellschaft produziert ein weitgespanntes Repertoire im Rahmen dieser "imaginary revolution".

13. DIE FUNKTIONALISIERUNG UND INDUSTRIALISIERUNG DES SEXUS, DER BILDER UND DES UNBEWUSSTEN

Von einem „Unbehagen in der Kultur“ im Freudschen Sinne kann heute nicht mehr gesprochen worden. Gegenwärtig herrscht in den westlichen Gesellschaften in bestimmten Bereichen eine Permissivität vor, die es historisch noch nie gegeben hat. Gleichwohl ist die Gesellschaft in einigen gesellschaftlichen Kernbereichen, Justiz, Verwaltung, Polizei, noch so autoritär ausgerichtet wie eh und je. Alle westlichen Gesellschaften und ihre Demokratien haben nach wie vor diesen autoritär-repressiven, latent und manifest gewalttätigen Kern! Fragt man sich, wer der Motor dieser Permissivität ist, so ist auf der einen Seite die Liberalisierungsbewegung in den westlichen Gesellschaften der 60er Jahre, verbunden mit einem Wandel des Lebensstils in Richtung auf größere Permissivität zu nennen, auf deren anderen Seite ein expansiver Kapitalismus, der, auf der Suche nach neuen Märkten, schließlich auch den Sex entdeckt hat. Längst hat sich die Industrie in bestimmten Bereichen gegenüber dem Staat durchgesetzt, definiert die Bedingungen, gibt den Ton an. Trat der alte Staat in seinem Anspruch, Garant der sittlichen Ordnung zu sein, in einer Mischung aus Bevormundung und Unterdrückung auf, so hat er im Zeitalter der Medien und Bilder den Industrien – abgesehen von der Regelung und Verfolgung bestimmter sexualstrafrechtlicher Sachverhalte – das Feld überlassen. Trotz der aufgeregten Debatten um den Schutz der Kinder und der Verschärfung des Kinderpornographie-Paragraphen können heute im allgemein zugänglichen Fernsehen Kopulationsszenen in aller Eindeutigkeit gezeigt werden, wenn eben nicht die Genitalien zu sehen sind. Auch wenn der Staat nicht mehr im Marxschen Sinne als geschäftsführender Ausschuß der herrschenden Klasse begriffen werden kann, so segelt er, gleichgültig wer die Regierung stellt, im Netz der großen Industrien, die in den unterschiedlichen Sparten der “society of enjoyment” viel Geld verdienen.

Die Permissivität hat vier Kernbereiche: den Bereich der Erziehung, das Repertoire sexueller Verhaltensweisen, die vielfachen sozial, sachlich und temporär abgezirkelten Orte und Rituale der kontrollierten Triebbefriedigung und die sexualisierte Bilderflut der Medien.

a) Multiple Sexualität

Ich bestreite die These von McGowan, daß die "society of enjoyment" überwiegend oder hauptsächlich eine Realität der "imaginary society" ist. Trotz der enormen Ausweitung des Volumens des Imaginären hat sich die Realität der Sexualität selbst verändert. Insofern kann keine Rede davon sein, daß die "society of enjoyment" keine "outlets" hat. "Enjoyment" hat – real – vielfältige "locations". In den letzten drei bis vier Jahrzehnten ist eine vielfältige Morphologie sexuellen Verhaltens entstanden, die in den Metropolen vielfach selbstverständliche Lebenswirklichkeit geworden ist. Hunderttausende von Menschen leben heute – real – neue Formen der Sexualität und entziehen sich psychiatrischer Kategorisierung und Stigmatisierung. Gleichgeschlechtliche Sexualität ist heute gesellschaftlicher Normalfall; die Partialtriebe stehen nicht mehr unter dem Genitalprimat, Sexualvarianten wie SM ringen um gesellschaftliche Akzeptanz. Die Gesellschaft ist überzogen von einem Netz von Einrichtungen der kontrollierten Triebbefriedigung. Das geht vom Sexshop mit angeschlossenen Privatkinos für die sexuelle Betätigung von Homos einerseits, Paaren andererseits bis hin zur Gaysauna, zum Swingerclub. Das reicht von Agenturen, die den Seitensprung kommerziell anbieten und betreuen, über die vielfältigen Formen der privaten Kleinprostitution über diverse Escort-Service-Agenturen, in denen vielfach die Prostitution in sozial gehobenen Formen einherkommt, bis zu den verschiedenen Formen der offenen Prostitution, die – ebenfalls ausdifferenziert – ein weites Spektrum an Triebvarianten bedienen. Im Internet ist ein weit gespanntes Netz von "boards" für Swinger, Voyeure, Exhibitionisten, Homo- und Bisexuelle, SM-Aktivisten entstanden, die sich in verschiedenen Aktivitätsfeldern, die ebenso virtuell wie real bezogen sind, selbst organisieren. Ein weit gespanntes Angebot an Zeitschriften bedient den „sozialisierten Voyeurismus" (Adorno). Da gibt es Programmhefte für das Fernsehen, die zugleich Aktmagazine sind; die Grenzen verschwimmen. Viele dieser Dinge sind untrennbar verbunden mit ökonomischen Vermarktungs- und Verkaufsstrategien. Betulich werden in Jugendzeitschriften Ratschläge und auch Handlungsanweisungen gegeben. Auch dies treibt die frühzeitige Sexualisierung der Jugendlichen an. Es verhält sich ähnlich wie bei den Kinsey-Reports, die, obgleich als Berichte angelegt, zugleich Normen für Verhalten setzten.

Die symbolische Ordnung, der große Andere im Sinne Lacans, die formalisierte Ordnung von Herrschaft, Macht und Moral ist selbst einem Wandlungsprozeß unterworfen. So sprechen Soziologen und Psychoanalytiker – um einen Teilaspekt dieses Wandels zu nennen – von einer „Homosexualisierung der Gesellschaft“ (Reimut Reiche). Machten noch vor 50, 40 Jahren Staatsanwälte und Polizei begeistert Jagd auf Homosexuelle, so sind heute eheähnliche Verhältnisse zwischen Gleichgeschlechtlichen im Sinne der „eingetragenen Partnerschaft“ Teil der symbolischen Ordnung geworden.

Die Sexualität der Gesellschaft hat sich gewandelt. Nun werden die existierenden Sexualitäten nicht nur industriell vermarktet, die Sexualität selbst wird gesellschaftlich als Sexualität produziert.

b) Die gesellschaftliche Produktion der Triebe

Vom gesellschaftlichen Produktionsprozeß der Triebe werden alle anthropologischen Rohformen, Leerformen, alle „leeren“ Antriebe erfaßt, die auf ein unbestimmtes und unbestimmbares Triebschicksal angelegt sind – also alle jene dynamischen Triebpotentiale, die auch in der permissiven Gesellschaft im primären und sekundären Sozialisationsprozeß geformt, durchaus auch diszipliniert werden, wenn auch in geringerem Maße als in der Verbots- und Versagungsgesellschaft. Alle diese im primären Sozialisationsprozeß geformten Antriebe werden, wenn man so will, auf je spezifischen Märkten kulturell ein zweites Mal hervorgebracht, industriell produziert. Das beginnt – um ein Beispiel aus einem anderen Bereich zu nehmen – mit dem Süßigkeitsangebot an der Supermarktkasse und geht dann bis zu den Verhaltensstandards setzenden Jugendzeitschriften in der Pubertät. In diesen Kontext gehören im weiteren Sinne alle persuaviven Strategien, die Gesundheit, Körper, Kommunikation, Beziehungen betreffen. Um alle diese Elemente herum haben sich enorme Angebotsmärkte entwickelt. Wenn in der Gesellschaft Sex eine große Rolle spielt, dann wird der Körper zum Ausgangspunkt und Endpunkt eines chronischen, von außen und von innen gesteuerten Managements. Diese Elemente werden im fortgeschrittenen, im globalen Kapitalismus – und das ist das Neue – systematisch produziert, so wie alle Bedürfnisse bzw. Bedürfnisinterpretationen industriell geformt, produziert, erzeugt werden. Das je vorfindliche Triebsubstrat wird, wie ein gewebtes Stück Stoff, geschneidert, verfertigt und aufgrund seiner spezifischen Qualität, eben Energie, Triebenergie zu sein, erweitert, gesteigert, vergrößert. Das Begehren wird ebenso produziert wie die „Objekte der Begierde“. Der Trieb kann nicht länger als ein begrenztes Quantum, welches nur verschieden verteilt werden kann (im Sinne eines Nullsummenspiels, z. B. mehr Entsublimierung = weniger Sublimierung), begriffen werden, sondern wird wie eine dehnbare, steigerbare Größe „aufgepumpt“, über die bisherigen Grenzen der Absättigung hinausgetrieben. Nun wird industriell nicht ein Mangel, sondern ein Hunger erzeugt, der nicht mehr gestillt werden kann. Das Ganze kann als Nichtnullsummenspiel begriffen werden. Das ist das Schicksal des entfesselten Kapitalismus, der die Bedürfnisse selbst entfesselt und eine Bewegung der Expansion ist.

c) Die Revolution der Bilder

Veränderungen, die weitreichender und vermutlich tiefergehend sind als die auf der realen Ebene sexueller Verhaltensweisen, haben sich – wie von McGowan beschrieben – im Bereich des Imaginären, der individuellen und kollektiven Bilder vollzogen. Es hat nachgerade eine Entgrenzung und Revolution der Bilder, nicht nur der sexuellen, sondern aller Bilder stattgefunden. Das Sehen und seine Organisation ist auf eine Weise entschränkt wie historisch nie zuvor. Man denke nur etwa an die Ausstellung „Körperwelten“. Einen solchen allgemeinen Blick auf den enthäuteten Menschen, die organische Innenwelt gab es, mit Ausnahme bei den Anatomen, noch nie. Bemerkenswert in all dem ist, daß die Menschen mitziehen, wenn es darum geht, Dinge zu sehen, die zuvor noch nie gesehen worden sind. Das warnt davor, den Menschen von den Systemen abzuziehen und nur als Opfer von Manipulation zu begreifen. Sie sind ein Teil von all dem, was geschieht und sie sind vielfach ein Movens von alledem. Die Menschen bewegen sich nicht in einer naturwüchsig vorgefundenen Bilderwelt, sondern einer Welt, die gesellschaftlich produziert wird, erst in der Bildenden Kunst, dann in der Fotografie, schließlich einer umfassenden medialen Industrie. Dabei geht es hier um zwei Dinge: zum einen um die Produktion alles gesellschaftlichen, auch alles sexuellen Lebens als Bild und zum anderen um die Produktion des Sehens selbst, also das, was bereits Virilio die Industrialisierung des Sehens nannte. Es handelt sich – wie immer ökonomisch vermittelt – um eine Produktion des Sehens des Sexuellen. Damit sind zunächst die manifest sexuellen Bilder gemeint, die ein Teil der normalen Wahrnehmung werden. Die Nacktheit abgebildeter Frauen, fast immer nur junger, als "eye-catcher" allerorten verwandt, ist heute Normalzustand, wird weder als ungewöhnlich noch als anstößig empfunden. Die weit verbreitete Zeitung BILD (im September 2007 betrug die verkaufte Auflage täglich 3547644 Exemplare) hat in jeder Ausgabe mindestens eine nackte Schöne, oft auch mehrere. Die normale Werbung ist chronisch mit sexuellen Verweisen, sexuellen Subtexten, sexuellen Botschaften gespickt oder unterströmt. Mit den „Beinen" des Autos in der Werbung der Reifenfirma Pirelli hat es begonnen. Eine besondere Spielart sind die forciert doppeldeutigen Slogans für industrielle Produkte. Es findet eine Explosion des Imaginären in allen Sparten statt. Auch das Sehen selbst wird auf diese Weise „trainiert" und sucht nach dem „Kick". Das Internet ist zu dem entscheidenden Medium einer nicht mehr eingrenzbaren Pornographisierung geworden. Neben der Virtualisierung des Sex spielt eine ebenso große Rolle die Virtualisierung der Gewalt und der Katastrophen. Die Angebote an Computer-Spielen, in denen Gewalt virtuell ausagiert werden kann, ist kaum überschaubar. Der Kinofilm tut ein übriges. Der amerikanische Film überbietet sich immer wieder selbst in puncto der Darstellung von Katastrophen. Aus der Lust des amerikanischen Kinos und des amerikanischen Kinopublikums am Genre „Katastrophenfilm" kann auf ein großes Destruktionspotential in der amerikanischen Gesellschaft, das sich auf diese Weise manifestiert, geschlossen werden. Filme und ihre Plots sind keine Zufälle, sondern Ausdruck unbewußter Prozesse. Diese unterströmen, unterspülen, tragen ein Genre und manifestieren sich nach Art der Traumarbeit in immer neuen und noch gewalttätigeren Visionen und Varianten. Dabei kann und muß von den (Lust-)Ängsten, die da bedient werden und passiver Natur sind, auf eine aktive Komponente, die latent vorhanden ist, selbst geschlossen werden. Das virtuelle, simulierte Opfer ist immer auch ein virtueller Täter! Das heißt: Die amerikanische Gesellschaft selbst ist die Katastrophe, das katastrophische Subjekt und damit der Destrudor. Dieses destruktionsbereite Unbewußte ist auch eine Art „Magma", das die ganze Debatte um die Bewaffnung der amerikanischen Gesellschaft trägt. Die grotesk unschuldige Debatte, es ginge um Verteidigung, ist, wie immer, eine Art projektiver Selbsttäuschung. Der Verteidiger ist psychoanalytisch virtuell ein Aggressor, die Verteilung der Rollen von Opfer und Täter oftmals nur zufällig. Die Waffe ist das Symbol, hinter dem der universelle Todestrieb steht.

Vieles kommt aus einem Mangel, der nicht gestillt werden kann und sich schneller erneuert als seine temporären Sättigungen. Der Kosmos des Imaginären expandiert fortwährend; seine Omnipräsenz wird zu einem universellen Treib- und auch Bindemittel. Was sich in der Bilderwelt vollzieht, ist, anders als die Locations des "real enjoyment", nicht mehr sachlich, sozial, temporär einzugrenzen, zu separieren. Das Internet hat längst alle Grenzen weggerissen. Jeder, der es benutzt, kennt es. Man kann an keiner Stelle, auch nicht bei ‚harmlosen' Suchbefehlen, vor der Invasion sicher sein. Aber auch in den Diskursen im Alltag läuft vor allem das Sexuelle latent zwischen den Zeilen, als Subtext, mit.

Das gründet im Heißhunger der kapitalistischen Verwertung, die das alles vorantreibt, nichts ausläßt, alles ausbeutet, in ihr Verwertungs- und Vermarktungsprogramm aufgenommen hat. Kein Teil der Gesellschaft ist von diesem Prozeß ausgenommen.

d) Die gesellschaftliche Produktion des Unbewußten

Nach Freud hat das Unbewußte zwei Komponenten: die körperhaft gebundenen Es-Impulse, die auf eine archaische, naturhaftdumpfe Entität verweisen, und das Unbewußte als Inbegriff des Verdrängten, als Inbegriff der in die Verdrängung hinabgestoßenen Triebrepräsentanzen. Die auf Verwertung zielende Gesellschaft des Kapitalismus will auf jede Schicht und in jeder Weise auf das Unbewußte einwirken, das Unbewußte als Inbegriff aller Begehrlichkeiten industrialisieren, es verfügbar machen für Marktinteressen und Marktexpansionen. Dem dienen heute umfangreiche Testbatterien zur Analyse automatisch ablaufender, unbewußt-vorbewußter Reaktionen der Sinne auf Impulse, seien es Bilder, Musik, Gerüche, Warenszenarios etc.

Aber die Gesellschaft exploitiert nicht nur das vorfindliche Unbewußte, sie produziert das Unbewußte selbst, bringt es vor allem über Verbote und die repetitiven Diskurse über das Verbotene hervor. Auch das Unbewußte ist, soweit es Teil des Verdrängten ist, ein gesellschaftliches Produkt. Das darf man sich nicht linear und nicht mechanistisch vorstellen. Das Unbewußte ist wie eine Black Box, die, mit Inputs und Impulsen gefüttert, auf je unvorsehbare und invisible Weise reagiert, ko-agiert. Um das an einem Beispiel zu illustrieren: Ich behaupte, daß erst die prohibitive Diskursivierung der Homosexualität das Thema innerpsychisch und bis in den Bereich unbewußter Prozesse dramatisierte. Verbot und Lockung, Abwehr und Anreiz bedingen sich gegenseitig und das Verbot treibt die Lockung voran, sei sie nun bewußt oder unbewußt. Je mehr dieser unbewußte Prozeß voranschreitet, um so mehr verweigert sich das Wissen (und das heißt auch: die Selbsteinsicht), denn das Unbewußte ist das verweigerte Wissen über sich selbst. Kein Mann konnte mehr den Arm auf den Arm eines anderen Mannes legen, ohne bereits im Verdacht zu stehen, homosexuell zu sein. Die Kommunikation der Männer wird ab diesem Punkt von einem Schatten, dem abgewehrten Verlangen, umspült und unterspült. In der Verbotsgesellschaft wird dieses, zumindest virtuell, allgegenwärtig.

Das läßt sich auf alle anderen harten gesellschaftlichen Normationen nicht nur im sexuellen Bereich übertragen. Eric Voegelin hat in seiner politischen Anthropologie den Begriff des „öffentlichen Unbewußten" geprägt. Dieses umfaßt Fakten, die aus der öffentlichen Diskussion verbannt und damit unbewußt werden. Es gebe dann in diesem Sinne ein „unbewußtes Überich", das bestimmte Wahrnehmungen blockiert, Diskussionen verhindert[1]. Mittels dieses Konstrukts könnte erklärt werden, warum es Deutschen so schwerfällt, sich mit der Geschichte des Nationalsozialismus auseinanderzusetzen: Das Faktum ist aus dem Bewußtsein verstoßen worden.

Wenn ein Teil des Unbewußten das in einer Gesellschaft Verdrängte ist, dann bedeutet dies, daß dies immer historisch ist und jede historische Gesellschaft ihr spezifisches, je eigenes Unbewußtes hat. In dieser Hinsicht hat John R. Seeley beispielsweise von der "americanization of the unconscious"[2] gesprochen. Das Unbewußte ist also immer auch die Antwort auf die Geschichte der Gesellschaft, ihren erklärten und normativ verteidigten Sinn, ihre Regulationen. Wenn die historischen Regulative das Positiv darstellen, so ist das gesellschaftlich produzierte Unbewußte gewissermaßen das Negativ.

Alle diese Zusammenhänge schlagen sich in der Architektur der Psyche selbst nieder. Sie ist kein anthropologisch Ontisches, sondern selbst Ausdruck der Geschichte. Gesellschaft und Psyche sind beides historische Größen, die sich wechselseitig durchdringen. Herbert Marcuse hat bereits in den 60er Jahren davon gesprochen, daß der psychische Apparat, wie Freud ihn definiert und beschrieben hat, bestehend aus Über-Ich, Ich und Es, veraltet ist[3]. Dieser psychische Apparat war die Innenseite eines Sozialcharakters, wie er sich mit der Industrialisierung herausgebildet hatte und von David Riesman in seinem Buch 'The lonely crowd'[4] als „innengeleitet" bezeichnet wurde. Die Verinnerlichung der gesellschaftlichen Normen und Werte im Über-Ich garantierte relative Handlungsautonomie, bedeutete aber gleichzeitig permanente Unterdrückung bestimmter sexueller Antriebe und Bedürfnisinterpretationen. Im Zuge des gesellschaftlichen Wandels kommt es auch zu einem idealtypischen Wandel des Sozialcharakters vom „innengeleiteten" zum „außengeleiteten" Menschen. Hatte der innengeleitete Mensch einen inneren Kompaß, dem er folgte, so besitzt der außengeleitete eine Antenne, mit der er die Normen und Werte seiner Bezugsgruppe (Freunde, Kollegen, Nachbarn, schließlich die Medien) auffängt, an denen er sich orientiert. Dieser Sozialcharakter fügt sich bruchlos ein in die Landschaft der permissiven Gesellschaft. In diesem Psychotypus hat das Über-Ich nicht mehr den Charakter einer inneren fordernden Stimme, sondern es ist externalisiert, folgt dem „so tun es auch die anderen" und ist damit auch abgeflacht, weniger stabil und hartnäckig. Wenn vieles erlaubt ist, was in der alten Gesellschaft verboten war, reduziert sich auch die Es-Dynamik. Wie ein solches Strukturmodell der Psyche aussehen wird, läßt sich noch nicht abschließend sagen. Jedenfalls wird es sich von dem Freudschen Modell deutlich unterscheiden. So ist und bleibt es die Aufgabe einer psychoanalytischen Theorie der Gesellschaft, eben diese historische Formveränderung der Psyche nachzuvollziehen und zu interpretieren.

ANMERKUNGEN

Einleitung

[1] FR 15.2.1980.
[2] Freud 1934, S. 301. Der Artikel wurde 1926 zuerst in englischer Sprache veröffentlicht.

1. Psychoanalyse als Gesellschaftskritik bei Sigmund Freud

[1] Freud 1932, S. 194.
[2] Ebd., S. 171.
[3] Vgl. Freud 1904.
[4] Vgl. Freud 1904, 1905, 1906.
[5] Vgl. Freud 1908.
[6] Vgl. Freud 1907.
[7] Freud 1905 a, S. 110.
[8] Ebd., S. 110 f.
[9] Ebd., S. 121.
[10] Ebd. – Hervorhebung B. W. R.
[11] Ebd., S. 122.
[12] Vgl. Freud 1907.
[13] Ebd., S. 27.
[14] Ebd.
[15] Ebd.
[16] Ebd. – Hervorhebung B. W. R.
[17] Freud 1908, S. 159.
[18] Ebd., S. 149.
[19] Vgl. ebd., S. 148 f.
[20] Ebd., S. 148.
[21] Ebd., S. 149.
[22] Ebd.
[23] Ebd.
[24] Ebd., S. 149 f. – Hervorhebung B.W. R.
[25] Ebd., S. 150.
[26] Ebd., S. 151.
[27] Ebd.
[28] Vgl. Weber 1965.
[29] Freud 1905 b, S. 49.

[30] Freud 1908, S. 153.
[31] Ebd.
[32] Ebd.
[33] Ebd.
[34] Ebd.
[35] Ebd.
[36] Ebd.
[37] Ebd., S. 154.
[38] Ebd.
[39] Ebd.
[40] Ebd.
[41] Ebd., S. 155. – Hervorhebung B.W.R.
[42] Ebd., S. 161.
[43] Ebd.
[44] Ebd., S. 162.
[45] Ebd., S. 157.
[46] Ebd., S. 158.
[47] Ebd.
[48] Ebd., S. 167.
[49] Freud 1905, S. 25 f.
[50] Ebd., S. 26.
[51] Ebd., S. 25.
[52] Freud 1909, S. 1 ff.
[53] Ebd., S. 57.
[54] Ebd., S. 58 f.
[55] Freud 1911, S. 111.
[56] Ebd., S. 114.
[57] Ebd., S. 115.
[58] Ebd.
[59] Ebd.
[60] Ebd., S. 112.
[61] Ebd., S. 113.
[62] Freud 1910, S. 123.
[63] Ebd.
[64] Ebd.
[65] Ebd.
[66] Vgl. Freud 1904, S. 9.
[67] Freud 1913, S. 391.
[68] Ebd., S. 418.
[69] Ebd.
[70] Ebd., S. 416.
[71] Ebd., S. 420.
[72] Ebd.
[73] Freud 1932, S. 162.
[74] Freud 1927, S. 326.

[75] Ebd., S. 327.
[76] Ebd., S. 331.
[77] Ebd., S. 335.
[78] Ebd.
[79] Ebd., S. 333.
[80] Ebd., S. 328.
[81] Ebd., S. 329.
[82] Ebd., S. 328.
[83] Ebd.
[84] Ebd., S. 350.
[85] Ebd., S. 365.
[86] Freud 1930, S. 506.
[87] Vgl. ebd., S. 481, S. 506.

2. Zum Begriff der Gesellschaft in der Freudschen Theorie

[1] Durkheim 1961, S. 114 – im Original hervorgehoben.
[2] Ebd., S. 94
[3] Ebd., S. 114 – Hervorhebung B. W. R.
[4] Ebd., S. 187.
[5] Freud 1921, S. 101.
[6] Vgl. Hofstätter 1957, S. 201.
[7] Freud 1921, S. 101.
[8] Ebd.
[9] Ebd., S. 100.
[10] Ebd., S. 150.
[11] Ebd., S. 101. Freud hat auch die Rasse, die Stände, die Glaubensgemeinschaften, den Staat als „ständige und dauerhafte Massenbildungen" (Freud 1921, S. 144) begriffen.
[12] Ebd., S. 102.
[13] Ebd., S. 101, Fußnote 1.
[14] Ebd., S. 144.
[15] Vgl. Kelsen 1922, S. 97 ff.
[16] Ebd., S. 125.
[17] Ebd., S. 103.
[18] Ebd., S. 124.
[19] Ebd., S. 109.
[20] Ebd., S. 124.
[21] Ebd., S. 126.
[22] Vgl. Kap. 3 c.
[23] Vgl. Freud 1921, S. 94, Fußnote 2.

3. Das Verhältnis von gesellschaftlichen Elementen und psychoanalytischen Tatbeständen in der psychoanalytischen Theorie – nach Freud

[1] Vgl. Kolnai 1920, S. 5.
[2] Freud 1921, S. 73.
[3] Ebd.
[4] Trotter hatte 1916 ein Buch mit dem Titel ›Instincts of the Herd in Peace and War‹ (London 1916) veröffentlicht.
[5] Freud 1921, S. 94.
[6] Alexander 1936, S. 787.
[7] Ebd., S. 788.
[8] Ebd.
[9] Ebd., S. 792.
[10] Vgl. ebd., S. 788 ff.
[11] Freud 1932, S. 194.
[12] Freud 1921, S. 144.
[13] Vgl. Kelsen 1922.
[14] Vgl. Alexander 1936, S. 787.
[15] Adorno 1962, S. 94.
[16] Ebd.
[17] Allein der Terminus ist mißverständlich. Unter Soziologisierung der Psychoanalyse müssen, wie es der Terminus nahelegt, alle Versuche verstanden werden, die Dialektik von „erster“ und „zweiter“ Natur aus dem Horizont soziologischer Tatsachen zu rekonstruieren. Dazu gehören auch die Arbeiten von Kolnai, Fromm und Reich, die aber einen anderen Weg gegangen sind als die Ich-Psychologen. Die ich-psychologische Verflachung dieser Fundamentaldialektik ist aber nur eine Facette im Gesamtspektrum der sozialwissenschaftlichen Psychoanalyse-Rekonstruktion.
[18] Vgl. Adorno 1962, S. 95.
[19] Vgl. Kolnai 1920, S. 13.
[20] Fromm 1929, S. 270.
[21] Vgl. Marcuse 1965.
[22] Ebd., S. 85.
[23] Marcuse 1967.
[24] Freud 1932, S. 86.
[25] Adorno 1962, S. 100.
[26] Ebd.
[27] Ebd.
[28] Adorno 1955, S. 33.
[29] Michel 1954, S. 161.
[30] Ebd., S. 163.
[31] Fromm 1945, S. 270 ff.
[32] Vgl. Fromm 1932, S. 255.

[33] Ebd., S. 274.
[34] Alexander 1937, S. 154.
[35] Freud 1923, S. 223.
[36] Erikson 1967, S. 55.
[37] Vgl. Horney 1951, S. 170.
[38] Ebd., S. 179.
[39] Erikson 1967, S. 230.
[40] Vgl. ebd., S. 28.
[41] Rank 1924.
[42] Alexander 1937, S. 146.
[43] Ebd., S. 143.
[44] Vgl. ebd., S. 154.
[45] Vgl. ebd., S. 145.
[46] Marcuse 1967, S. 85.
[47] Freud 1908, S. 154.
[48] Kelsen 1922, S. 97 ff.
[49] Ebd., S. 125.
[50] Ebd., S. 126 – im Originaltext gesperrt.
[51] Ebd., S. 100.
[52] Ebd., S. 126.
[53] Ebd., S. 104.
[54] Freud 1921, S. 73.
[55] Leibniz 1979, S. 14.
[56] Kelsen 1922, S. 126.
[57] Ebd., S. 108.
[57a] Ebd., S. 109.
[58] Ebd., S. 103.
[59] Adorno, 1962, S. 100.
[60] Kelsen 1922, S. 129 f.
[61] König 1958, S. 42.
[62] Vgl. Durkheim 1961, S. 193.

4. Die systembezogene Interpretation psychoanalytischer Tatbestände in der Anthropologie

[1] Vgl. Roheim 1950.
[2] Zitiert in Kardiner 1961, S. 256.
[3] Wilhelm Reich hatte in seinem Aufsatz ›Der masochistische Charakter‹ in der ›Internationalen Zeitschrift für Psychoanalyse‹ (1932, XVIII) den Freudschen Todestrieb systembezogen, als Produkt des kapitalistischen Systems, und zwar als Folge extremer Frustration interpretiert. Demnach sei der Todestrieb die Extremisierung masochistischer Neigungen, die nach Freud dem Psychischen von Anbeginn immanent sein sollen. Desgleichen ging Fromm davon aus, daß der „sado-masochistische

Charakter" durch die ökonomische Struktur einer „autoritären Gesellschaft" erzeugt wird (Fromm 1936, S. 118). Freud hat die systembezogene Interpretation Reichs verworfen. Er fällte das vernichtende Urteil, daß die Arbeit Reichs „in dem Unsinn gipfelte, was man für den Todestrieb halte, sei eine Auswirkung des kapitalistischen Systems" (zit. in: Jones 1962, S. 200).

[4] Freud 1912, S. 188.

[5] Freud 1923, S. 229.

[6] Freud 1912, S. 171 ff.

[7] Vgl. Malinowski 1926, 1927 a, 1927 b, 1931.

[8] Malinowski 1962, S. 259.

[9] Kardiner 1961, S. 22.

[10] Malinowski 1962, S. 259.

[11] Ebd., S. 139.

[12] Ebd., S. 21.

[13] Ebd., S. 135, S. 139, S. 258.

[14] Freud hatte die Einleitung der Latenzperiode im Zusammenhang mit der Verschärfung des ödipalen Konfliktes durch die Kastrationsandrohung gesehen (vgl. Freud 1953, S. 77), die dann zum Abbruch der frühkindlichen Sexualität führe. Aufgrund von zwei im Sozialisationsprozeß wirksamen Autoritätsfiguren, dem leiblichen Vater und dem Onkel (Bruder der Mutter), kommt es bei den Trobriandern zu einer Entschärfung des ödipalen Konfliktes. Dies vermag das Fehlen der Latenzperiode erklären, über das Malinowski schreibt: „Bei den Primitiven steht in diesem Stadium die Sexualität in der frühen genitalen Form – einer Form, die bei uns fast unbekannt ist – an erster Stelle der kindlichen Interessen und wird nie wieder verdrängt" (Malinowski 1962, S. 80). All dies vollzieht sich auf dem strukturellen Hintergrund eines „matrilinearen" Familiensystems.

[15] Muensterberger 1952, S. 687 – Hervorhebung B. W. R.

[16] Kardiner 1961, S. 22.

[17] Ebd., S. 22.

[18] Ebd.

[19] Ebd.

[20] Schwidetzky-Roesing 1959, S. 101.

[21] Vgl. ebd.

[22] Mitscherlich 1953, S. 645.

[23] Heintz 1962, S. 645.

[24] Kinsey 1964, S. 291 ff.

[25] Vgl. Thompson 1952, S. 143.

[26] Haseloff 1950, S. 373.

[27] Friedländer 1949, S. 337.

[28] Kardiner 1955, S. 199.

[29] Kardiner 1945, S. 169.

[30] Vgl. Parsons 1965, S. 167 ff.

[31] Kardiner 1955, S. 202 f.
[32] Malinowski 1962, S. 139.
[33] La Barre 1961, S. 14.
[34] Ebd.
[35] Heintz 1962, S. 641.
[36] Ebd.
[37] Haseloff 1950, S. 373.

5. Psychoanalytische Soziologie bei Aurel Kolnai

[1] Kolnai 1920.
[2] Fromm 1932 a; S. 35, Fußn. 1. In dieser Weise hat sich auch Sandkühler über Kolnais Schrift geäußert: „Aurel Kolnais Machwerk ›Psychoanalyse und Soziologie‹, irreführend als Beitrag 'zur Psychologie von Masse und Gesellschaft' deklariert (1920), ist ein Pasquill gegen die revolutionären Massen, gegen die revolutionär veränderte Gesellschaft; es ist ein Beispiel für die mögliche konterrevolutionäre Rolle der Psychoanalyse" (Sandkühler 1971, S. 8). In der editorischen Vorbemerkung des „Rotdruck"-Bandes ›Psychoanalyse, Marxismus und Sozialwissenschaften‹ ('s-Gravenhage 1972) wird die Schrift Kolnais im Zusammenhang mit der Schrift von Paul Federn ›Zur Psychologie der Revolution: Die vaterlose Gesellschaft‹ (1919) gesehen. Kolnai, „der sich allerdings gegen Federns Interpretation der Beseitigung des Vaters als fortschrittlicher Aktion wendet und damit, bis heute, anstelle Freuds, der in dieser Frage ganz ähnlich, wenn auch differenzierter argumentiert ... die gesamte Kritik der Freudomarxisten zugezogen hat, mit Recht" (ebd., S. XXI f.). Allerdings wird Kolnai das „Anrecht auf exakte Lektüre" (ebd.) zugestanden. Kolnai hat, unabhängig vom politischen Aspekt der Kontroverse, eine Reihe wichtiger Einsichten lange vor Fromm ausgesprochen.
[3] Kolnai 1920, S. 20.
[4] Ebd., S. 5.
[5] Ebd.
[6] Vgl. ebd.
[7] Vgl. ebd., S. 11.
[8] Ebd.
[9] Ebd., S. 13.
[10] Vgl. ebd., S. 27.
[11] Ebd., S. 8.
[12] Vgl. ebd., S. 27.
[13] Ebd., S. 35 – Hervorhebung B. W. R.
[14] Vgl. ebd.
[15] Ebd., S. 33.
[16] Ebd., S. 58.
[17] Ebd., S. 33.

[18] Ebd., S. 60.
[19] Horney 1951, S. 9.
[20] Ebd.
[21] Kolnai 1920, S. 20.
[22] Ebd., S. 42.
[23] Ebd.
[24] Ebd., S. 66.
[25] Ebd.
[26] Vgl. ebd., S. 45.
[27] Ebd.
[28] Ebd., S. 68.
[29] Vgl. Freud 1907.
[30] Freud 1932, S. 162.

6. Die theoretische Integration von Soziologie und Psychoanalyse bei Talcott Parsons

[1] Adorno 1962, S. 94.
[2] Fromm 1954, S. 85.
[3] Vgl. Freud 1932, S. 194.
[4] Parsons 1954, S. 337.
[5] Ebd.
[6] Parsons 1958, S. 323.
[7] Weber 1973, S. 190 ff.
[8] Parsons 1964, S. 50.
[9] Parsons 1958, S. 321 ff.
[10] Parsons 1952, S. 15.
[11] Parsons 1958, S. 322 f.
[12] Ebd., S. 323.
[13] Parsons 1961, S. 30.
[14] Parsons 1954, S. 337.
[15] Vgl. ebd., S. 337.
[16] Vgl. ebd., S. 338.
[17] Ebd.
[18] Ebd., S. 346.
[19] Ebd., S. 338.
[20] Parsons 1961, S. 35.
[21] Ebd.
[22] Parsons 1958, S. 324, Fußnote 7.
[23] Parsons macht in Freuds Arbeiten zwei Es-Begriffe aus (vgl. Parsons 1958, S. 324, Fußnote 7). Einer biologischen Konzeption, die in die früheren Arbeiten fallen soll, steht nach Parsons in den späteren Arbeiten ein Ansatz gegenüber, den Parsons mit dem Begriff "motivational energy" zu fassen versucht. Jedoch zeigt sich gerade in diesen späteren Arbeiten eine

zunehmende Hypostasierung der Triebe, wie sie in der Annahme eines Todestriebs ausgedrückt wird. Gerade die früheren und mittleren Arbeiten erlauben eine Interpretation des Es als funktionell-dynamischer Einheit aus Unbewußtem und Verdrängtem. Außerdem läßt sich auch in dieser funktionell-dynamischen Konzeption des Es dieses nicht zur bloßen "motivational energy" neutralisieren. Es ist stets eine historische und explosive Potenz. Parsons geht es um die Formalisierung der psychoanalytischen Theorie zum Zwecke der Integration beider Disziplinen.

[24] Parsons 1961, S. 36.

[25] Vgl. Parsons 1958, S. 324.

[26] Vgl. Reimann 1973, S. 42 ff.

[27] Parsons 1961, S. 36.

[28] Parsons 1954, S. 338.

[29] Ebd., S. 338.

[30] Vgl. Parsons 1961, S. 36.

[31] Ebd.

[32] Vgl. ebd.

[33] Vgl. Fromm 1932 a, S. 29.

[34] Vgl. Marcuse 1965.

[35] Marcuse 1967, S. 126 f., Fußnote 26.

[36] Parsons 1964, S. 182, Fußnote 1.

[37] Vgl. Marcuse 1965 a, S. 234.

[38] Freud 1932, S. 171.

[39] Adorno 1955, S. 13.

[40] Parsons 1964, S. 183, Fußnote 1.

[41] Parsons 1964, S. 182, Fußnote 1.

[42] Adorno 1955, S. 13 f.

[43] Ebd., S. 14.

7. Die Freud-Debatte im Rahmen der Theorie-Diskussionen der Neuen Linken

[1] Adorno 1962, S. 102.

[2] Ebd., S. 107.

[3] Ebd., S. 106.

[4] Marcuse 1965 a, S. 9.

[5] Vgl. Reimann 1973.

[6] Vgl. Dokumentation zum sozialistischen Patientenkollektiv Heidelberg, S. I ff.

[7] Schneider 1973, S. 10.

[8] Ebd.

[9] Vgl. Freud 1930, Fromm 1956.

[10] Kursbuch 29: Das Elend mit der Psyche. II Psychoanalyse. September 1972.

[11] Vgl. Wulff 1972.
[12] Ebd., S. 5.
[13] Ebd., S. 20.
[14] Ebd., S. 17 f.
[15] Ebd., S. 19.
[16] Vgl. Dahmer u. a. 1973.
[17] Ebd., S. 1.
[18] Vgl. ebd., S. 2.
[19] Ebd., S. 52.
[20] Vgl. ebd., S. 53 ff.
[21] Vgl. Lorenzer 1972.
[22] Vgl. Duhm 1972, 1974, Schneider 1973, Ottomeyer 1974.
[23] Lorenzer 1972, S. 15.
[24] Ebd., S. 10.
[25] Ebd., S. 16.
[26] Ebd., S. 136.
[27] Ebd.
[28] Vgl. Lorenzer 1974.
[29] Lorenzer 1974, S. 264.
[30] Ebd.
[31] Vgl. Marcuse 1967, S. 76 ff.
[32] Reimann 1973, S. 13.
[33] Vgl. Marx/Engels, MEW 3, S. 3 ff.
[34] Ebd., S. 239.
[35] Ebd., S. 237.
[36] Ebd.
[37] Ebd.
[38] Ebd.
[39] Ebd., S. 238.
[40] Ebd., S. 246 f.
[41] Ebd., S. 238.
[42] Ebd., S. 238 f. – im Manuskript von Marx und Engels gestrichene Passage.
[43] Vgl. ebd., S. 239.
[44] Ebd.
[45] Ebd., S. 239.
[46] Vgl. Freud 1932.
[47] Ebd., S. 191.
[48] Ebd., S. 196 f.

8. *Die hermeneutische Interpretation der Psychoanalyse bei Kunz und Habermas*

[1] Freud 1923, S. 212.
[2] Ebd., S. 215.
[3] Habermas 1968, S. 263.
[4] Ebd.
[5] Vgl. Kunz 1950.
[6] Ebd., S. 69 f.
[7] Ebd., S. 72.
[8] Vgl. ebd.
[9] Ebd., S. 70.
[10] Freud, S.: Konstruktionen in der Analyse. In: Internationale Zeitschrift für Psychoanalyse 23 (1937), zit. bei Kunz 1950, S. 71.
[11] Kunz 1950, S. 73.
[12] Ebd., S. 72 f.
[13] Ebd., S. 77.
[14] Ebd., S. 81 f.
[15] Habermas 1967, S. 3.
[16] Ebd.
[17] Ebd., S. 193.
[18] Ebd.
[19] Ebd.
[20] Vgl. ebd., S. 187.
[21] Ebd.
[22] Ebd.
[23] Ebd.
[24] Habermas 1973, S. 416.
[25] Vgl. Habermas 1968 a, S. 159.
[26] Habermas 1968, S. 262.
[27] Habermas 1971, S. 17.
[28] Vgl. Habermas 1968.
[29] Vgl. Habermas 1971 b.
[30] Vgl. Brückner 1972, S. 367 f.
[31] Adorno 1955, S. 25 f.
[32] Habermas 1971 a, S. 155.
[33] Ebd.
[34] Ebd., S. 157.
[35] Vgl. ebd.
[36] Ebd., S. 149.
[37] Ebd.
[38] Ebd.
[39] Sartre 1969, S. 3.
[40] Apel 1973, S. 55.
[41] Vgl. Giegel 1971.

[42] Habermas 1971, S. 36.
[43] Ebd.
[44] Vgl. ebd., S. 45.
[45] Ebd.
[46] Ebd., S. 37.
[47] Adorno 1963, S. 59 – Hervorhebung B.W.R.
[48] Vgl. Stierlin 1972, S. 31.

9. Probleme der Therapiegesellschaft: Patient ohne Recht?

[1] Richtlinien des Bundesausschusses der Ärzte und Krankenkassen über tiefenpsychologisch fundierte und analytische Psychotherapie in der kassenärztlichen Versorgung in der Neufassung vom 27. Januar 1976, in: Bundesanzeiger, 22. April 1976, S. 4.
[2] Ebd., S. 5.
[3] Freud 1917, S. 482.
[4] Ebd.
[5] Vgl. Moser 1985, S. 117 ff.
[6] Vgl. Drigalski 1980.
[7] Vgl. Sartre 1969.
[8] Ebd., S. 8.
[9] Ebd., S. 3.
[10] Vgl. Foucault 1978.
[11] Kind 1976, S. 147.
[12] Ebd., S. 150.
[13] Vgl. BGH 1982.
[14] Ebd., S. 50.
[15] Zit. in: Kindt/Haring 1981, S. 164.
[16] Klee 1981.
[17] Kindt/Haring 1981, S. 162.
[18] Ebd., S. 164 ff.
[19] Ebd., S. 162.
[20] Haring/Kindt 1982, S. 6.
[21] Deutsche Gesellschaft für Psychiatrie und Nervenheilkunde (1982), S. 3.
[22] Ebd., S. 4. Kritisch wird am Urteil des Berliner Kammergerichts angemerkt, es gehe von „einer Symmetrie des Patienten-Arzt-Verhältnisses", einer Art „Waffen"-Gleichheit aus. Dies sei ein Mißverständnis: „Patient und Arzt kämpfen aber in der Regel nicht gegeneinander, sondern gemeinsam miteinander gegen die Krankheit" (ebd.). In der Stellungnahme der „Deutschen Gesellschaft für Psychiatrie und Nervenheilkunde" bleiben die mikrosozialen Dimensionen der psychiatrischen (und psychotherapeutischen) Institution und Kommunikation aufgrund einer medicozentristischen Betriebsblindheit völlig ausgeblendet. Ge-

rade die Asymmetrie im Arzt-Patient-Verhältnis bedarf der eingehenden Reflexion.

[23] Ebd.
[24] Vgl. Pörksen 1982.
[25] Vgl. BGH 1982.
[26] Vgl. ebd., S. 50.
[27] Ebd.
[28] Ebd., S. 53.
[29] Ebd.
[30] Ebd.
[31] Ebd.
[32] Ebd.
[33] Vgl. Hemminger/Becker 1985, Kursbuch 82: Die Therapie-Gesellschaft.

10. Gesellschaft und innere Natur/Therapie und Politik

[1] Freud 1908, S. 151.
[2] Bataille 1972, S. 344.
[3] Vgl. Gehlen 197 1, S. 57.
[4] Gehlen 1940, S. 465 f.
[5] Vgl. Gehlen 1971.
[6] Vgl. Bataille 1975, S. 9 ff.
[7] Vgl. Marcuse 1965 a.
[8] Freud 1930, S. 504 f.
[9] Lacan 1973, S. 70.

11. Permissive Gesellschaft – repressive Entsublimierung – sexuelle Revolution

[1] Vgl. Reiche, Reimut: Sexualität und Klassenkampf. Zur Abwehr repressiver Entsublimierung. Frankfurt/Main 1968.
[2] Vgl. Schneider, Michael: Neurose und Klassenkampf. Materialistische Kritik und Versuch einer emanzipativen Neubegründung der Psychoanalyse. Reinbek bei Hamburg 1977.
[3] Vgl. Duhm, Dieter: Angst im Kapitalismus. Lampertheim 1973, 3. Aufl.
[4] Mitscherlich, Alexander: Auf dem Weg zur vaterlosen Gesellschaft. Ideen zur Sozialpsychologie. München 1963.
[5] Vgl. etwa das Hauptreferat von Udo Hock „Trieb und Kultur – klinische und theoretische Aspekte“ in dem Band der Deutschen Psychoanalytischen Vereinigung (DPV) zur Tagung „Psychoanalyse, Kultur, Gesellschaft“ (2009). Da wird Freuds Kulturtheorie aneignend wie in einem

Uni-Seminar referiert. Nichts, was international in der Diskussion steht, wird rezipiert. Auf die gesellschaftlichen Veränderungen, die auch eine neue Formulierung der Kulturtheorie erheischen, wird nicht eingegangen.

[6] Vgl. Schulze, Gerhard: Die Erlebnis-Gesellschaft. Kultursoziologie der Gegenwart. Frankfurt/Main u. a. 1996.

[7] Lowenfeld, Henry und Yela: Die permissive Gesellschaft und das Überich. In: Psyche, 1970, H. 9.

[8] Ebd., S. 708.

[9] Ebd., S. 709.

[10] Ebd. S. 718.

[11] Ebd.

[12] Vgl. zum Folgenden: Lowenfeld, Henry: Zehn Jahre später, Ms. 1980.

[13] Vgl. Marcuse, Herbert: Triebstruktur und Gesellschaft. Ein philosophischer Beitrag zu Sigmund Freud. Frankfurt/Main 1965, S. 8.

[14] Marcuse, Herbert: Der eindimensionale Mensch. Studien zur Ideologie in der fortgeschrittenen Industriegesellschaft. Neuwied, Berlin 1967, S. 95.

[15] Ebd., S. 91.

[16] Vgl. ebd., S. 93.

[17] Ebd., S. 97.

[18] Ebd., S. 93.

[19] Ebd., S. 97.

[20] Vgl. Fromm, Erich: Die Entdeckung des gesellschaftlichen Unbewußten. Weinheim, Basel 1990, S. 113 ff.

[21] Ebd., S. 114.

[22] Ebd.

[23] Ebd., S. 116.

[24] Vgl. ebd., S. 118.

12. Die "Society of Enjoyment" – das Ende der "Dissatisfaction"?

[1] Braun, Christoph: Die Stellung des Subjekts. Lacans Psychoanalyse, Berlin 2008, 2. Auflage, S. 5.

[2] Vgl. Lacan, Jacques: Der Triumph der Religion. In: Ders., Der Triumph der Religion welchem vorausgeht Der Diskurs an die Katholiken. Wien 2006, S. 80.

[3] Lacan: The seminar of Jacques Lacan. Book 1. Freud's papers on technique (1953–1954). New York 1988, S. 141, zit. in: The Imaginary (Lacan). International Dictionary of Psychoanalysis.

[4] „Das Reale", in: Wikipedia.

[5] McGowan, Todd: The End of Dissatisfaction? Jacques Lacan and the Emerging Society of Enjoyment. New York 2004, S. 197, note 5.

[6] Ebd., S. 198, note 7.

[7] Lacan. Écrits. A Selection. London, Routledge Classics 2001, S. XIII.
[8] "1958 he first uses *jouissance* to refer explicitly to orgasm", in: http://science.jrank.org/pages/9858/Jouissance-Lacan-s-Early-Work-Jouissance-Pleasure.html
[9] Ebd.
[10] „Objekt klein a", in: Wikipedia.
[11] McGowan 2004, S. 2.
[12] Ebd., S. 7.
[13] Ebd., S. 18.
[14] Ebd., S. 29.
[15] Lacan zit. ebd., S. 30.
[16] McGowan 2004, S. 34.
[17] Ebd., S. 37.
[18] Ebd., S. 38.
[19] Ebd., S. 40.
[20] Ebd.

13. Die Funktionalisierung und Industrialisierung des Sexus, der Bilder und des Unbewußten

[1] Vgl. dazu Braach, Regina: Eric Voegelins politische Anthropologie. Würzburg 2003, S. 375.
[2] Vgl. Seeley, John R.: The Americanization of the Unconscious. New York 1967.
[3] Vgl. Marcuse, Herbert: Das Veralten der Psychoanalyse, in: Kultur und Gesellschaft 2, Frankfurt/Main 1965.
[4] Vgl. Riesman, David; Glazer, Nathan; Denney, Reuel: The lonely crowd. A study of the changing American character. New York 1953 (dt. Die einsame Masse. Eine Untersuchung der Wandlungen des amerikanischen Charakters. Hamburg 1974).

LITERATUR

Adorno, Th. W. (1955): Zum Verhältnis von Soziologie und Psychologie. In: Sociologica I. Aufsätze, Max Horkheimer zum 60. Geburtstag gewidmet. Frankfurt a. M.

– (1962): Die revidierte Psychoanalyse. In: M. Horkheimer/Th. W. Adorno: Sociologica II. Reden und Vorträge. Frankfurt a. M.

– (1963): Kann das Publikum wollen? In: Vierzehn Mutmaßungen über das Fernsehen. München.

Alexander, F. (1936): Psychoanalysis and Social Disorganization. In: American Journal of Sociology 42 (1936/37).

– (1937): Die soziologische und biologische Orientierung der Psychoanalyse. In: Imago 23.

Apel, K.-O. (1973): Transformation der Philosophie. In: Sprachanalytik, Semiotik, Hermeneutik. Frankfurt a. M.

Bataille, G. (1943): Der Kleine. Zit. in: G. Bataille: Das obszöne Werk. Reinbek bei Hamburg 1972.

– (1975): Das theoretische Werk. Bd. 1: Die Aufhebung der Ökonomie. München.

BGH (1982) = Wortlaut der Urteile des Bundesgerichtshofes (BGH) zum Einsichtsrecht in Krankenunterlagen und psychiatrische Krankenunterlagen. In: Spektrum der Psychiatrie und Nervenheilkunde 2 (1983).

Braach, R. (2003): Eric Voegelins politische Anthropologie. Würzburg.

Braun, C. (2008): Die Stellung des Subjekts. Lacans Psychoanalyse. Berlin.

Brückner, P. (1972): Marx, Freud. In: Marxismus – Psychoanalyse – Sexpolitik Bd. 2, hrsg. v. H.-P. Gene. Frankfurt a. M.

Dahmer/Leithäuser/Lorenzer/Horn/Sonnemann (1973): Das Elend der Psychoanalyse-Kritik (Beispiel Kursbuch 29). Subjektverleugnung als politische Magie. Frankfurt a. M.

Deutsche Gesellschaft für Psychiatrie und Nervenheilkunde (1982): Zur Einsichtnahme psychisch Kranker in ihr Krankenblatt. In: Spektrum für Psychiatrie und Nervenheilkunde 1.

Dokumentation zum sozialistischen Patientenkollektiv Heidelberg. Basisgruppe Medizin Gießen (Hrsg.), Fachschaft Medizin, Gießen o. J.

Drigalski, Dörte von (1980): Blumen auf Granit. Berlin.

Duhm, D. (1972/4., erw. Aufl. 1975): Angst im Kapitalismus. Lampertheim.

– (1974): Warenstruktur und zerstörte Zwischenmenschlichkeit. Köln, 2. Aufl.
Durkheim, E. (1961): Die Regeln der soziologischen Methode. Neuwied.
Erikson, E. H. (1967): Kindheit und Gesellschaft. Zürich, Stuttgart.
Foucault, M. (1978): Dispositive der Macht. Über Sexualität, Wissen und Wahrheit. Berlin.
Freud, S. (1904): Die Freudsche psychoanalytische Methode. In: GW, Bd. V
– (1905): Über Psychotherapie. In: GW, Bd. V
– (1905 a): Der Witz und seine Beziehung zum Unbewußten. GW, Bd. VI.
– (1905 b): Drei Abhandlungen zur Sexualtheorie. In: GW, Bd. V
– (1906): Tatbestandsdiagnostik und Psychoanalyse. In: GW, Bd.VII.
– (1907): Zur sexuellen Aufklärung der Kinder. In: GW, Bd. VII.
– (1908): Die „kulturelle“ Sexualmoral und die moderne Nervosität. In: GW, Bd. VII.
– (1909): Über Psychoanalyse. In: GW, Bd. VIII.
– (1910): Über „wilde“ Psychoanalyse. In: GW, Bd. VIII.
– (1911): Die zukünftigen Chancen der psychoanalytischen Therapie. In: GW, Bd. VIII.
– (1912): Totem und Tabu. GW, Bd. IX.
– (1913): Das Interesse an der Psychoanalyse. In: GW, Bd. VIII.
– (1917): Vorlesungen zur Einführung in die Psychoanalyse. In: GW, Bd. XI.
– (1921): Massenpsychologie und Ich-Analyse. In: GW, Bd. XIII.
– (1923): „Psychoanalyse“ und „Libidotheorie“. In: GW, Bd. XIII.
– (1927): Die Zukunft einer Illusion. In: GW, Bd. XIV.
– (1930): Das Unbehagen in der Kultur. In: GW, Bd. XIV.
– (1932): Neue Folge der Vorlesungen zur Einführung in die Psychoanalyse. In: GW, Bd. XV.
– (1934): Psycho-Analysis. In: GW, Bd. XIV.
– (1953): Abriß der Psychoanalyse. In: GW, Bd. XVII.
Friedländer, O. (1949): Gußformen der Gesellschaft. Hamburg.
Fromm, E. (1929): Psychoanalyse und Soziologie. In: Zeitschrift für psychoanalytische Pädagogik 3, H. 8/9.
– (1932): Die psychoanalytische Charakterologie und ihre Bedeutung für die Sozialpsychologie. In: Zeitschrift für Sozialforschung I.
– (1932a): Über Methode und Aufgabe einer analytischen Sozialpsychologie. In: Zeitschrift für Sozialforschung I.
– (1936): Theoretische Entwürfe über Autorität und Familie. In: Autorität und Familie. Studien aus dem Institut für Sozialforschung. Paris.
– (1945): Die Furcht vor der Freiheit. Zürich.

– (1954): Die psychoanalytische Charakterkunde und ihre Anwendung zum Verständnis der Kultur. In: Psyche 8 (1954/55).
– (1956): The Sane Society. London. (Dt.: Der moderne Mensch und seine Zukunft. Frankfurt a. M. 1960, Neuausgabe: Wege aus einer kranken Gesellschaft. Eine sozialpsychologische Untersuchung. Frankfurt a. M., Berlin, Wien 1981.)
– (1990): Die Entdeckung des gesellschaftlichen Unbewußten. Weinheim/ Basel.
Gehlen, A. (1940): Der Mensch. Seine Natur und seine Stellung in der Welt. Berlin (Neuauflage u. a. Frankfurt a. M. 1971).
Giegel, H. J. (1971): Reflexion und Emanzipation. In: Hermeneutik und Ideologiekritik. Frankfurt a. M.
Habermas, J. (1967): Zur Logik der Sozialwissenschaften. In: Philosophische Rundschau, Sonderheft (Beiheft 5). Tübingen.
– (1968): Erkenntnis und Interesse. Frankfurt a. M.
– (1968 a): Erkenntnis und Interesse. In. Ders., Technik und Wissenschaft als „Ideologie“. Frankfurt a. M.
– (1971): Vorwort zur Neuauflage von ›Theorie und Praxis‹. Frankfurt a. M.
– (1971 a): Der Universalitätsanspruch der Hermeneutik. In: Hermeneutik und Ideologiekritik. Mit Beiträgen von Apel u. a. Frankfurt a. M.
– (1971 b): Vorläufige Bemerkungen zu einer Theorie der kommunikativon Kompetenz. In: J. Habermas/N. Luhmann: Theorie der Gesellschaft oder Sozialtechnologie – Was leistet die Systemforschung? Frankfurt a. M.
– (1973): Nachwort zur Neuausgabe von ›Erkenntnis und Interesse‹. Frankfurt a. M.
Haring, C./Kindt, H. (1982): Für und wider das Einsichtsrecht in psychiatrische Krankenunterlagen. In: Spektrum für Psychiatrie und Nervenheilkunde I.
Haseloff, O. W. (1950): Zur Bedeutung soziologischer Denkweisen für die Psychoanalyse. In: Studium Generale 3.
Heintz, P. (1962): Interkultureller Vergleich. In: R. König (Hrsg.), Handbuch der empirischen Sozialforschung. Stuttgart.
Hemminger, H./Becker, V. (1985): Wenn Therapien schaden. Kritische Analyse einer psychotherapeutischen Fallgeschichte. Reinbek bei Hamburg.
Hock, U. (2009): Trieb und Kultur – klinische und theoretische Aspekte. In: G. Schneider/H.-J. Eilts/J. Picht (Hrsg.): Psychoanalyse, Kultur, Gesellschaft. DPV-Herbsttagung 2009. Frankfurt a. M.

Hofstätter, P. R. (1957): Psychologie (Fischer-Lexikon). Frankfurt a. M.

Horney, Karen (1951): Neue Wege in der Psychoanalyse. Stuttgart.

Jones, E. (1962): Das Leben und Werk von Sigmund Freud. Bd. III: Die letzte Phase 1919–1932. Bern.

Kardiner, A. (1945): The Psychological Frontiers of Society. New York, London.

– (1955): Der Einfluß von sozialem Druck, Not und Entbehrungen auf das Affektleben. In: Geistige Hygiene. Forschung und Praxis, hrsg. v. Maria Pfister-Ammende. Zürich, Basel.

– (1961): Psychoanalysis and Anthropology. In: Science and Psychoanalysis. Vol. IV: Psychoanalysis and Social Process, ed. by Jules H. Masserman. New York, London.

Kelsen, H. (1922): Der Begriff des Staates und die Sozialpsychologie. Mit besonderer Berücksichtigung von Freuds Theorie der Masse. In: Imago. Zeitschrift für Anwendung der Psychoanalyse auf die Geisteswissenschaften VIII.2.

Kind, H. (1976): Der Kunstfehler in der Psychotherapie. In: Schweizer Archiv für Neurologie, Neurochirurgie und Psychiatrie. Bd. 119, H. 1.

Kindt, H./C. Haring (1981): Die Problematik des Einsichtsrechts in psychiatrische Krankenunterlagen. In: Spektrum der Psychiatrie und Nervenheilkunde 2.

Kinsey, A. C./W. B. Pomeroy/C. E. Martin/P. H. Gebhard (1963): Das sexuelle Verhalten der Frau. Berlin, Frankfurt a. M.

Kinsey, A. C./W. B. Pomeroy/C. E. Martin (1964): Das sexuelle Verhalten des Mannes. Berlin, Frankfurt a. M.

Klee, E. (1981): Den Einblick erstritten. Auch Psychiatrie-Patienten dürfen ihre Krankenakten einsehen – sie haben jetzt die gleichen Rechte wie körperlich Kranke. In: Die Zeit, Nr. 33, 7. 8. 1981.

König, R. (1958): Beziehung. In: Soziologie (Fischer-Lexikon). Frankfurt a. M.

Kolnai, A. (1920): Psychoanalyse und Soziologie. Zur Psychologie von Masse und Gesellschaft (Internationale Psychoanalytische Bibliothek, Bd. 9). Leipzig, Wien, Zürich.

Kunz, H. (1950): Die wissenschaftstheoretische Problematik der Psychoanalyse. In: Psychoanalyse, Marxismus und Sozialwissenschaften. 's-Gravenhage 1972.

Kursbuch 29: Das Elend mit der Psyche. II Psychoanalyse. Berlin 1972.

Kursbuch 82: Die Therapie-Gesellschaft. Berlin 1985.

La Barre, W. (1961): Psychoanalysis in Anthropology. In: Psychoanalysis and Social Process, Vol. IV of Science and Psychoanalysis, ed. by Jules Masserman. New York, London.

Lacan, J. (1973): Schriften I. Freiburg i. Br.
– (1988): The seminar of Jacques Lacan. Book 1. Freud's papers on technique (1953–1954). New York.
– (2001): Écrits. A Selection. London, Routledge Classics.
– (2006): Der Triumph der Religion. In: Ders.: Der Triumph der Religion welchem vorausgeht Der Diskurs an die Katholiken. Wien.
Leibniz, G. W. (1979): Monadologie. Stuttgart.
Lorenzer, A. (1972): Zur Begründung einer materialistischen Sozialisationstheorie. Frankfurt a. M.
– (1974): Die Wahrheit der psychoanalytischen Erkenntnis. Ein historisch-materialistischer Entwurf. Frankfurt a. M.
Lowenfeld, H. und Y. (1970): Die permissive Gesellschaft und das Überich. In: Psyche, H. 9.
Lowenfeld, H. (1980): Zehn Jahre später (Ms.).
Malinowski, B. (1926): Crime and Custom in Savage Society. London.
– (1927 a): The Father in Primitive Psychology. London.
– (1927 b): Sex and Repression in Savage Society. London.
– (1931): The Sexual Life of Savages in North-Western Melanasia. London.
– (1962): Geschlecht und Verdrängung in primitiven Gesellschaften. Hamburg.
Marcuse, H. (1965): Das Veralten der Psychoanalyse. In: Kultur und Gesellschaft 2. Frankfurt a. M.
– (1965 a): Triebstruktur und Gesellschaft. Ein philosophischer Beitrag zu Sigmund Freud. Frankfurt a. M.
– (1967): Der eindimensionale Mensch. Studien zur Ideologie der fortgeschrittenen Industriegesellschaft. Neuwied.
Marx, Karl/Engels, Friedrich (1959): Die deutsche Ideologie. In: Marx/Engels, Werke, Bd. 3. Berlin.
McGowan, T. (2004): The End of Dissatisfaction? Jacques Lacan and the Emerging Society of Enjoyment. New York.
Michel, E. (1954): Das Vaterproblem heute in soziologischer Sicht. In: Psyche 8 (1954/55).
Mitscherlich, A. (1953): Bemerkung zur gesellschaftlichen Funktion psychologischen Wissens. In: Psyche 7 (1953/54).
– (1963): Auf dem Weg zur vaterlosen Gesellschaft. Ideen zur Sozialpsychologie. München.
Moser, T. (1985): Kompaß der Seele. Frankfurt a. M.
Muensterberger, W. (1952): Über einige psychologische Fundamente der menschlichen Gesellschaftsbildung. In: Psyche 6 (1952/53).
Ottomeyer, K. (1974): Soziales Verhalten und Ökonomie im Kapitalismus. Gaiganz.

Parsons, T. (1952): The Superego and the Theory of Social Systems. In: Psychiatry, February 1952.
– (1954): Psychoanalysis and the Social Structure. In: Essays in Sociological Theory. Revised Edition. Illinois.
– (1958): Social Structure and the Development of Personality. Freud's Contribution to the Integration of Psychology and Sociology. In: Psychiatry, November 1958.
– (1961): The Contribution of Psychoanalysis to Social Science. In: Psychoanalysis and Social Process. Vol. IV of Science and Psychoanalysis, ed. by Jules Masserman. New York, London.
– (1964): Beiträge zur soziologischen Theorie. Neuwied und Berlin.
– (1965): The Social System. New York, London (Paperback Edition).
Pörksen, N. (1982): Betr.: Stellungnahme der DGPN zur Einsichtnahme psychisch Kranker in ihr Krankenblatt. In: Spektrum für Psychiatrie und Nervenheilkunde 2.
Rank, O. (1924): Das Trauma der Geburt und seine Bedeutung für die Psychoanalyse (Internationale psychoanalytische Bibliothek, Bd. 14). Wien.
Reiche, R. (1968): Sexualität und Klassenkampf. Zur Abwehr repressiver Entsublimierung. Frankfurt a. M.
Reimann, B. W. (1973): Psychoanalyse und Gesellschaftstheorie. Darmstadt und Neuwied.
Riesman, D./Glazer, N./Denney, R. (1953): The lonely crowd. A study of the changing American character. New York (dt.: Die einsame Masse. Eine Untersuchung der Wandlungen des amerikanischen Charakters. Hamburg 1974).
Roheim, G. (1950): Psychoanalysis and Anthropology. New York.
Sandkühler, H. J. (1971): Psychoanalyse und Marxismus. Dokumentation einer Kontroverse. In: Bernfeld/Reich/Jurinetz/Sapir/Stoljarov: Psychoanalyse und Marxismus. Dokumentation einer Kontroverse. Frankfurt a. M.
Sartre, J.-P. (1969): Der Narr mit dem Tonband oder Die psychoanalysierte Psychoanalyse. In: Psychoanalyse, Marxismus und Sozialwissenschaften. 's-Gravenhage 1972.
Schneider, M. (1973/4. Aufl. 1977): Neurose und Klassenkampf. Materialistische Kritik und Versuch einer emanzipativen Neubegründung der Psychoanalyse. Reinbek bei Hamburg.
Schwidetzky-Roesing, I. (1959): Kulturanthropologie. In: Anthropologie (Fischer-Lexikon). Frankfurt a. M.
Schulze, G. (1996): Die Erlebnis-Gesellschaft. Kultursoziologie der Gegenwart. Frankfurt a. M. u. a.
Seeley, J. R. (1967): The Americanization of the Unconscious. New York.

Stierlin, H. (1972): Das Tun des Einen ist das Tun des Anderen. Frankfurt a. M.
Thompson, Clara (1952): Die Psychoanalyse. Ihre Entstehung und Entwicklung. Zürich.
Weber, M. (1965): Die protestantische Ethik. Eine Aufsatzsammlung. München und Hamburg.
– (1973): Gesammelte Aufsätze zur Wissenschaftslehre. Tübingen, 4. Aufl.
Wulff, E. (1972): Psychoanalyse als Herrschaftswissenschaft? In: Kursbuch 29: Das Elend mit der Psyche. II Psychoanalyse. September 1972.

REGISTER